愛與療癒

身心靈導師指南

身心靈導師不該是精神錯亂的角色扮演，更不能是招搖撞騙的神棍，而是一種來自慈悲幫助的智慧真誠！

許宏◎編著

U0032079

兩岸13位作家
共同撰述

許宏／李淨潞／李靜／周貞言／林子玹／林妍希／林珈妤
／洪家宜／高明琪／彭丹青／葉珈寧／葉瑃雯／潘信智

《愛與療癒》這本書顛覆了很多人的思維邏輯，
包含現今社會自以為懂愛的人們，
包含自以為會療癒的醫生們。

事實上，
只有天地與你自己才能療癒你自己，
我們能做的只是愛與幫助。

於是這本書摒棄傳統慣性，
我們不寫序，不讓任何人背書，
只讓生命體悟。

序是開始，但有開始就有結束。
我們不想結束，所以不必拉開序幕。
就如同不想死就別生，不願空就不要成。

我們不在問題裡找答案，也不在答案裡找問題。
就讓問題回到問題，答案停在答案。
無病不必醫，自然就是愛。

許宏

目次

實戰篇

9 9

工首豐

愛的六徑

諮商六步驟　　　　　　　療癒六元素

諮商六心態　　　　　　　療癒六原理

療癒六法門

✡諮商師該會什麼

諮商師該會什麼，那就看你是想成為什麼領域的諮商師。

如果是心理諮商，那麼你就必須是心理醫生，必須是醫學院畢業，必須是通過國家考試的醫師。

一般所謂的心理諮商，都只是擁有一堆協會所發給的上課結業證書。所以事實上，這所謂諮商的部分是心情而非心理，說的是常理而非病理，給的是方向而非治療，引導的是思維而非腦袋，扭轉的是精氣神而非精神。

這個道理，應該大家都清楚。但真相是，沒有誰真的明白。因為身體的有中西醫，有民俗療法，爭議不斷；心理的有中西醫，也有非主流的民間方法。靈性的，那永遠沒有所謂的主流。連宗教信仰的亂象，都在所謂的自由的濫用中顯得非常複雜。

當然身心靈不能切割，在人類活著的狀態下，必然是交錯的相互影響。而所謂的諮商，就應該在靈性思維邏輯上著手，才不至於觸碰了法律，也不至於把自己弄得神經兮兮。

因此，如果你沒有巫師的能力，也沒有思維邏輯通透的能力，那麼你當了諮商師，就是欺騙自己也欺騙別人的行為，諮商服務就會是一場騙局。

諮商師若要以世俗專業的角度來論，這是永遠無法在律法上框架的模糊地帶。但你的專業，不能不是「巫師」，更不能不是「思維邏輯重建師」。

巫師，不是會邪術，而是必須懂得運用鏈接天地讀懂天地訊息的工具，包含易經、塔羅、星象、紫微、數字學、風水學，否則

你連盤點對方空間時間的能力都沒有，如何知道他真正的問題？如何分析？如何給予適當的建議？巫師，也必須懂得善用大自然的一切物質與能量，才能恰如其分的給予適當的助力。

思維邏輯重建師，不是詐騙集團的洗腦大師，而是明白科學與哲學的因果自然現象，通透大道至簡循環的原理。不是只叫對方放下，別想太多，看開一點。那隔壁街上的流浪漢也比你強。

如果你的思維邏輯太弱，別入這一行。如果你連思維邏輯是什麼都不清楚，請別誤人子弟。

另外，諮商師最重要的是聆聽與溝通，而不是只在表達。他付錢，只來聽你說廢話、說鬼話、傳神話，那麼他可以到消基會告你。他付錢，是要他說話、你聽話，然後再抽絲剝繭講重點，並且全都是他想聽也該聽的話。

這一段，如果你看不懂，請別碰這一行，因為你比誰都更需要被諮商。看懂了，請加油，多學習，多練練工夫。

✡ 愛與療癒 6 個 6

在西方的生命之樹的能量體，1-10 個數字，在核心的就是 6。

在中國很多人在形容很厲害，會說很牛，更高層次的就是666。

在生命靈數的數字意義上，6 就是愛，就是療癒。如果你問我，1-9 哪個數字最重要，我會不加思索的告訴你，每個都重要，只是

硬要我只能選一個，那麼我選 6。

於是歸納了療癒 6 元素、療癒 6 原理、療癒 6 法門、諮商 6 心態、諮商 6 步驟、愛的 6 徑，我們稱為「**愛與療癒的 6 個 6**」，並且在這本書裡都是以 6 這個數字為主軸。這不是刻意安排的矯情，而是實際大自然的規矩。

你看那蜂巢的每個洞口是什麼形狀？沒錯，就是六角形。而蜜蜂的蜂蜜、蜂膠、蜂蠟、蜂王漿，哪一個不是養生的聖品？而這蜂巢裡的所有一切，請問哪個不是愛，哪個不療癒？

6 在八卦裡代表的就是坤卦，就是地，就是母親。而這個 6 以其形來看，是不是很像孕婦，也像藥勺子。

6 的中文陸，也是陸地的意思。不論從形、音、義三個角度來看，6 與愛，與療癒永遠脫離不了關係。更重要的，6 也代表影響力。

醫生是 6，說什麼都很有影響力，即使說的是錯的，是謊言，你也會深度受影響。所以醫生啊醫生，你們沒接受過表達力訓練，但你說的話很有影響力，請務必謹言慎行。

接下來，靜心覺知每一個 6。

✡愛的六徑

敬，恭敬心就是莊嚴自己的不二門。

淨，清淨心就是不染惡習的停損點。

靜，靜心自然不驚心，方得覺醒。

鏡，鏡心隨時反觀自己起心動念。

境，果報的環境緣起你的心境。

競，當知寰宇一切無極限，無可競。

敬淨靜鏡境競，皆是智慧的路徑。

善用六徑，靈性自得究竟。

這六個路徑，是讓我們找到愛的方法，也是療癒一切無始以來的創傷記憶。六是踏實的地，如母之愛不曾離棄。

這六個路徑，統統同音，故能同頻，所以共振。依此順序而不顛倒，必得自在的競爭力。由任何一個正向的行經互相引導，也必能殊途同歸。

敬，是一個多麼令人嚮往的發音。行如其音，思維與環境也必柔和而同行。

本來無一物，何處惹塵埃。這是六祖惠能大師的空無境界，卻不一定是你所能理解。尚未真空前的妙有，即使是其師兄所言的時時勤拂拭，莫使惹塵埃，也不一定是你的知行合一。所以不要人云亦云，琢磨於文字上的抽象毫無意義。重點是你做得到嗎？已經做到了嗎？淨化是如此的重要，就像每天洗澡，不必說一堆不必洗澡的理由。

靜是心的沉著穩健，不是環境的不吵雜。沒有靜心看不見覺知

的昇起。不在動裡，見不到靜。就像不在熱的時候，不會喜歡遇見冷氣。不在餓的狀態，不會體會食物的珍貴。靜心是可以隨時隨地的工夫，不必一定要禪風禪味的空間與擺設。

鏡，鏡子裡並不是自己，那是完全相反的你。但那是可以約略對應的反思與檢討。看見每一個人事物，都必須思考這是不是你，該不該是你。

境，每一種環境都能共振你的心境。而這樣的環境塑造有時可遇不可求。但你的心境卻隨時可以自己調整，甚至影響了外在的環境。內外皆可互相影響，你我都可善用而調節。

競，是那分別心、差異心、好勝心，在成長的過程是必須的。到達一個階段，你就會自然不在意了，那是你把我放大了。當小我變成大我，你就是我，我還是我，誰贏誰輸，都是我。

這六個徑，看似抽象，卻是如此明確的道路。必然讓你前進時，很夠勁。

✡療癒六元素

療癒當然要懂得借力使力，而不是瞎搞。我們這裡所談的全然都是心靈層面，而不是跟醫生搶生意。這句話就很特別吧！醫生對於病人的對待應該是幫助，而不是任何有丁點生意思維的生生不息。然而在心靈上的幫助，我們所可以借用的工具是什麼？我們把它分成六項。

1. 物質

物質只是元素之一，而元素必歸屬物質，我們不是在談化學的元素週期表，不是在探討電子質子與中子。

而物質可以說是能量的一種形式，能量中唯一具備質量而受萬有引力所牽引的一種元素。少則補之，多則去之。

物質可分為純物質與混合物，純物質又可分為元素與化合物。但無論是什麼物質，必須端看這些物質對生命的影響。

醫食同源，所以醫藥也是食物，食物也是醫藥。是藥三分毒。對於物質的認識，確實切莫道聽塗說，一定要在充分透明的正確知識中確認，否則就是傷害。

現代的藥物都是新的化合物，不是自然界的原本存在的狀態。這樣的物質當然不容易被生物與自然界給代謝分解，當然包含人類。有關於藥物的見解，我們在其他章節分曉。

天然不一定無毒，但非天然必然都是負擔。緩解了一個問題，卻會衍生更多問題。非不得已，千萬別用藥。非得用藥時，正確用藥，所以常用藥品手冊是家家戶戶必備的存在。

2. 能量

能量是空的對應，就是有。有，不是看得見、聽得到、摸得著。有，就是存在，沒有就是不存在，而存在的形式不一定是物質。物質只是能量的一種存在模式，彼此可以互換。

於是能量的運用不是那種抽象的神棍語言，而是聲光電熱磁等看不見的力量。

3. 頻率

任何物質都有頻率，非物質也能有頻率，應該說只要是一種存在都會有頻率。運用頻率的調整，就能讓狀態改變。頻率錯亂了，被干擾了，讓它單純化，這就是最追本溯源的方式。

4. 智慧

知識在太陽上燃燒照亮，彗星在心上閃耀，這都必須自己的領悟。有了智慧，而不是小聰明，那麼自然會有正確的判斷與決策。

5. 思維

思維在腦子，邏輯在心裡。思維是想法，邏輯是習慣。思維是3，邏輯是4。用舊的方法，很難解決新的問題。舊的問題，一直沒有解決，那當然必須要有新的方法。而這方法在哪裡形成？就在思維。

心靈的疾病，基本上來說不能說是病，而是因為錯誤的思維衍生出來的問題。所以只要把思維整理清楚了，那麼這些問題也就沒了。

6. 邏輯

錢會莫名其妙的消失，當然也會莫名其妙的回來；病會莫名其妙的發生，當然也能莫名其妙的離開。這是我送給大家最重要的一種邏輯。而我們要做的，就是去把這種莫名其妙的關鍵信念給建立，那麼困擾自然消失。

我常問：**先有快樂，還是先有幸福？**

大多數的人都很有智慧，都會回答先有快樂。但其潛意識裡總是覺得，沒有幸福怎麼可能快樂。

所以我必須告訴大家：「**快樂是一種想法，幸福是一種感受。沒有快樂的想法，何來幸福的感受？**」

整合來說，思維邏輯健康了，就是一種智慧。智慧強大了，頻率也就高了。那麼就有能力去善用能量與物質解決自己的缺憾，進而幫助可以幫助的有緣人。

✡ 療癒六原理

出問題有原因，解決當然有原理。不管是身心靈哪個區塊，都有其脈絡可循。

為什麼大家都說身心靈而不是靈心身呢？因為比較好唸。但事實上，身是大家直接能接觸到的物質層面，所以才把身放在最前頭；心能感受得到，卻也只能意會，不能言傳；靈，那就讓人更難以掌控了，所以身心靈經常只被看成兩個元件，而非三個，就是物質層面的身與非物質層面的心靈。

非物質就是能量，物質也能轉換為能量。於是身與心靈必然互相干擾。

因此身體的問題想要改善，從心靈去調整，必然會有很大的幫助。而這種幫助，我們從六種原理來探討解析。

1. 靜心

心是什麼，如果你不清楚。那麼我們用念來形容，你應該比較能理解。念，就是今天的心，就是此刻的心。而這個念，很難不偏不倚的聚焦，就是心不定，就是妄想雜念。一念一頻率，於是萬念萬頭緒。想要讓自己毫無念頭，那是不可能的事情。

心若在，夢就在，所以心是不可能消失的存在。而且如何將心變成一心一意，那就必須要下一些工夫。不是放空，而是專注。唯獨專注於一念，才能其餘皆放空。這個過程，我們稱為靜心。於是靜心必有標的，必有念想。你可以專注於你的信仰，你可以專注於一道光。偏了，就讓它回來。多了，就讓它歸一。

可用環境與物質來當助力，例如讓人沉靜的精油、音樂、圖像、形體，讓心專注於單一的念想。進入一種戒除的不為，收斂的安定，這就是靜心。

這個靜心，沒有宗教的設定，也不是特定誰誰誰的專屬作為。靜心，萬物皆可為，如混濁之水之沉澱，如沸騰之氣之昇華。靜中仍動，動中存靜。心仍在，卻忘了心的存在，只有單一的專注。在這種狀態，所有的心靈紛擾自然消除。

2. 覺知

你說不知不覺所以愚蠢，後知後覺所以失敗落後，先知先覺方能一馬當先。其實這個順序都是錯的，知之而覺，是知識的侵略；覺而知之，才是內在清澈的領悟。

各種感官的痛楚都是感覺，而當我們靜心之後，感覺卻能翻轉而逆位，才發現原本的感覺都是錯覺。這種覺而知之，就是一種

智慧的積累，如同禪宗參透萬事後的領悟。

但，悟有大有小，有多有少。開悟是一種抽象的形容，就像一個科目考試一百分，不必竊喜，還有很多科目存在你的包袱。

3. 取代

有人問如何消除情傷，有人回答再進入下一個戀情，原本的傷害自然淡忘。這種似是而非的方法，會害慘很多飲食男女。通常得到的結果就是一次比一次錯亂，一次比一次傷更重，這是錯誤的取代法則。

所以取代是用另一種習慣與專注，來取代原本對於這個情感上的依賴，而不是用另一段戀情來覆蓋。這就像還沒清創，傷口卻假象的癒合，那麼未來就會隱隱發作更困擾的問題。

4. 穿越

如果你可以理解大自然的原理，明白所謂的因果循環，成住壞空，那麼你就不會太困擾於現在的狀態，太迷失於你的每一個遇見。對於很多事情，你可以選擇忽略。但人們愚蠢的就是該忽略的不忽略，不該忽略的卻忽略了。所以這個標題我不用忽略，而是穿越，不論好事壞事，其實遇見後都只能穿越。好事，人們不捨；壞事，卻也流連忘返，你說是不是笨到一個極點？

正確的穿越，就是感恩遇見，汲取經驗，收納精華，忽略殘渣，把美好帶到明天，把不愉快留給昨天。千萬不要送給西天，因為總有一天再相見，我想你不願。

5. 透澈

該來的擋不了，該走的留不住。有緣起，必有緣滅，我們只能感謝。

遭遇，可能是因，可能是果。如果是因，那就別再糾纏；如果是果，那就盡速償還。

透澈智慧很難，那麼就盡量有點透澈，這一刻的心境也就不會太難了。

6. 相信

在《心想事成方程式》這本書裡，清楚明白的告訴你，想你要的，說你要的，做你要的，結果一定是你要的。心想事成是萬物的本能，何況是人。

療癒的最重要原理也是心想事成。請用祝福替代擔心。因為渴望是心想，擔心也是心想，然而擔心的卻比渴望提早到來。為什麼？只因為「相信」。

這一篇看到這裡，你不狐疑就是震撼，因為療癒的原理主軸都在思維邏輯。因為心靈是非物質，你怎能用物質療癒？

而我們要用的就是思維邏輯調整心靈的頻率，再由心靈的頻率去共振身體的頻率，你會遇見你的奇蹟。

✡療癒六法門

六法門剛好對應六識，這六識就是我們六種感官的六種感覺。這六種感覺其實應該只算一種感覺，因為全然相通，不然怎麼會七孔流血，就因為都是相通的。

少了其中一種，反而會強化其他種。視障者聽力、觸覺都會比較敏感。又聾又瞎，嗅覺就可能更凸顯。很多的生物並不具足這六識，反而特長於其中一種敏感度，這都是生物的生存本能，探索覓食與防衛。

既然六識與覓食有關，那麼醫食同源，六識當然也是療癒心靈的管道。

你一定聽過狗生病會自己去找藥草，這是牠爸媽教的嗎？不是，是牠的本能。在非人類的動物世界裡，當牠們生病了，難道還有醫院診所可以處理嗎？難道牠們也有醫生必須考證照嗎？都沒有，但牠們會受傷，會自己找方法，包含舔拭自己的傷口、磨蹭於草地、翻滾於沙堆、浸泡於水中、享受著太陽，用牠們最原始的方式療癒自己。

而人們，被教育、社會與歷史傳承催眠了太久，總以為治療就是醫生的事，法律也都這麼規定，但你有沒有嘗試用最簡單的方式，先行處理自己簡單的問題？

在繼續六法門的話題前，上述的一切值得你再從頭六次反覆思考。我們都被催眠太久了，導致很多問題找不到答案，但答案卻永遠都在問題裡。

這六法門都在自己的身上，病從這裡入，禍從這裡出，療癒也

都在這裡平衡與中和。看到了嗎？我不談藥，不談治，卻告訴大家，這六識就是問題與答案進出的管道。

1. 眼

眼睛所見直接透過影像轉換訊息傳達到大腦，然後影響全身包含心靈。你會因為所見而產生各種思維與情緒，包含七情之喜怒憂思悲恐驚，影響五臟六腑之氣血。不正常了，失衡了，那就是病了。

既然眼見可病，那當然眼見可療，所以多看一些正面的景象、書籍、影片、圖畫、行為，都是眼療的簡易方法，因為這是影響情緒最直接的感官。什麼是正面的，什麼是負面的，應該不用我贅述吧！

2. 耳

耳朵對於頻率是最敏感的器官，然而人所能聽到的頻率卻也很有限，太高太低都聽不到。聽不到不代表沒有，而是超越了人類的本能。好聽不好聽，這當然有主觀的喜好，也有客觀的順暢。除了聲音的本質，還有聲音的意義，又連結到了心靈感受的層面。耳為陰，舌為陽。舌為主控端，耳為被動方。多聽一些鼓舞平撫的言語與態度，就必然對心靈有幫助。

聲音能調頻，就像鋼琴的調音，就用音叉搞定，於是頌缽療法就存在著意義。包含六字大明咒，嗡嘛呢唄咪吽，都能共振臟腑。

然而聲音的排列組合成串輸出，我們稱為旋律，旋律帶動的情緒，那又是另一種層級。

3. 鼻

香臭的判別，很少人會錯亂吧！當然確實有人會有各種怪癖，對於正常人覺得的臭味反而特別喜歡，就像蒼蠅熱愛的糞便，但畢竟是少數。

通常臭味來自腐化，黴菌細菌滋生，因此確實會釋放對人體不好的物質，所以人類本能的遠離，這是一種自然的防衛機制。

費洛蒙是一種訊息傳遞的物質，包含對於性吸引的一種擴散。所以有男的變態偷取女性的貼身衣物，甚至還有所謂的原味內褲，也有女性鍾情於男性的未洗汗衫以及隔夜的襪子。

氣味可以來自固體、液體、氣體，但必定來自氣化的分子。

植物的精油，是植物的免疫系統、內分泌系統、靈魂，快速揮發的特質，有其固相、液相、氣相，更有其滲透後與消失後的非物質影響，因此我稱之為臨界物質。這樣的臨界物質有其個別的特質，千奇百怪，包羅萬象，改善了各種人類身心靈上的狀態。

4. 舌

舌頭有兩個主要功能，一個是攪拌食物感受其味覺，一個是說話表達其意念。因此有一句話說「病從口入，禍從口出」，當然反之「藥從口入，福從口出」，完全看你怎麼運用與對待。在所謂經濟景氣不好的年代，你會發現吃的行業最不容易受影響，因為民以食為天，這是維持生命的最基本需求。對於很多人而言，吃好吃的就很療癒了。憂鬱者，不是厭食就是暴食，從來沒有中庸，不是過胖就是太瘦。

飲食的時間與量以及種類，對於身心靈都是舉足輕重。

能夠吃，就要感恩。吃也要吃出幸福感，於是快樂的進食，是每一餐很重要的儀式感。

說話會有聲音也有意念，於是這強大的頻率影響著聽的人，也反饋著說的人。罵人者，自己也受傷，血壓也升高；讚美者，別人也快樂，自己也愉悅；祝福者，對方有收穫，自己也溫暖。這一門工夫最經濟實惠，唾手可得。

5. 身

身體的最外層是皮膚，皮膚除了保護，還有呼吸，更有感觸。因此讓自己的身體接受正確的物質與力量，那麼必然能夠同步滋養身心靈。

SPA、按摩、保養皆然，這一切的標準運用模式，都在咱們的《美麗傳奇》一書細膩傳述。

疾病與傷害一定不是來自外在就是來自內在，而內外相通。因此解決的方案不必跑到外太空，都在地球上；化解的資源不必自己創造，不必無中生有，一定來自大自然。但人們自作聰明的這一百多年，地球的環境已被破壞到體無完膚，連地球都發燒了，可不是電視廣告裡的無腦鎮痛解熱劑會有效。

口口聲聲大地是母親，口口聲聲要愛護地球，但是人們做的事只有不斷傷害。這是孝嗎？這種無孝當然無效，又怎麼能順呢？寫到這裡，不禁感慨，悲從中來，咱們的地球還能有幾年的正常光景能存在？

6. 意

意識有各種論述，但都簡單複雜化了。我們只必須清楚，意識有其深淺、有其表裡、有其虛實，更有其寒熱。意識就是心與腦的結合，心不是你說的心，腦不是你說的腦。腦是思維，心是邏輯。你的感受來自心腦，你的作為來自心腦，你的病，你的好，都是來自心腦。思維邏輯對了，什麼都好。

這六個門都是相通的，你可以從任何其中一門通往另外五個門。你不必自作聰明又開一扇門，講著上帝開門關窗的謬論。

當你認識了自然，你就認識了自己，因為自然就是自己所作所為的必然。禍福無門，唯人自招。

✡ 諮商六心態

諮商這兩個字已被濫用多年了，諮商必須具備「**能力、願意還有相遇**」。但在這個四處都是心靈空洞而受創的狀態，諮商很容易變成另一種迷失的開端，很可能是從一個火坑跳入另一個火坑的轉運站。

倘若諮商師本身就變態，佯稱療癒師，那與假藉神明之名的神棍騙財騙色有什兩樣？

所以求助者必須自己能夠判斷，眼前的諮商師是否真的能夠幫助到你。但你會想，如果自己已經能判斷，還需要求助嗎？

是的，說得非常好。最好是你能自己為自己諮商，那就不必擔

心上述的問題了。當然，在你自己還沒學會如何為自己諮商的情況下，你又痛苦難耐，茫然到一個極點，那麼你可以依照下列的重點，判斷這個諮商師是否可信賴。

1. 直覺很奇怪，一開始就不舒服，覺得磁場很糟，氣氛詭異，快逃！

2. 行有禮，說有理，內容有裡。明確告訴你遊戲規則，服務的模式，確認沒有額外的敲詐，那就可以考慮繼續。

3. 沒有什麼一定要大把金錢才能化解的冤情，諮商服務費也不該獅子大開口。

4. 沒有什麼儀式一定要肉體接觸的，何況獻身？

5. 諮商是引導開導不是趁火打劫，更不是商機，而是奉獻幫助的良機。

6. 諮商師的遇見通常是引薦，但引薦者有時自己已先被誤導，甚至於已是同夥的幫兇。

你如果是諮商師，若有機會被信任，那麼請珍惜，勿濫用。別把造福的機會變成了造孽的枷鎖，請切記下列諮商師六心態：

1. 幫助；2. 無我；3. 療癒；

4. 平靜；5. 激勵；6. 教育。

你會想，諮詢師不是就要解析問題、給予方向嗎？為何要有上述六心態。

所以你大錯特錯，問題對方自己會看見，方向對方自己會決定，你需要給的只是引導。

所以，你必須先確認你的心態，才不會誤導、顛倒。

對於無助的對方而言，真實的被幫助才是最務實的。所以你必須真的具備幫助的心念與行動，然後完全沒有個人私欲的無我幫助。

不論一切多震撼，不要加油添醋，必須平靜你自己也平靜對方。

對於受傷的心靈，給予療癒的力量，如同菩薩的愛、神的光芒。

諮商師必須是激勵大師，對於各種面向的問題都要能正面解讀，才不會越療癒，傷越重。

成就如何一瞬間，就在觀念與習慣改變的那瞬間。所以你必須是教育家的心態，引導其正確的思維，建立其正向的邏輯。

當這六個心態完整建構後，你的出現，必然已是眾有緣者的福音。對你的今生也已是不虛此行。

✡諮商六步驟

諮商是技術也是藝術，諮商是傾聽也是表達，諮商是科學也是哲學，諮商可以是傷害也可以是幫助。

諮商是大學問，不是隨便會點東西就能胡扯瞎扯的神棍與騙術。諮商的唯一目的就是幫助、幫助、幫助，除了幫助，其他任何的起心動念都是錯誤。不要把諮商當成商機，那只會讓一切變得複雜，無法讓對方得到幫助，你也不會得到真正的好處。假象的獲利，只會是暫時空虛的滋補，不是財富。

天上的菩薩是如何，我們不知道，但我們可以練習成為人間給予溫暖的菩薩，不是位階，不是境界，更不是神奇的超能力，而是**我願意**。

諮商基本六個標準程序：

1. 聆聽

很多內心受創所遭遇的問題，是雷同的狀態。你不能覺得你很懂，然後很不屑的告訴他這是小事，你見多了，根本沒事。廢話！如果他已經有這樣的覺悟，調適好了自己，還需要來找你嗎？

所以，你只能靜靜的站在他的立場，當成他的朋友，站在他的角度，聽他描述各種發生與各種感受，重點式的問一些你在聆聽過程中還不理解的細節。

2. 安撫

對方找你，絕對不是來討罵挨的，不是來被羞辱的。對於情緒的宣洩，你可以借助各種方式幫他宣洩緩解，但都要設停損點。安撫他的哀傷絕望與憤怒，讓他一定要能看到希望。既然會求助，就表示他還沒要放棄。

3. 盤點

在聆聽安撫後，你必須運用有限的資訊，盤點他所有的狀態。最好能夠有出生年月日時，幫他用生命靈數、紫微斗數，做一個個性上、能量上、運勢上的澈底解析。你不懂，別說這是迷信，這是全世界最強大而 100％精準的盤點工具。

4. 解析

　　既然盤點了，那麼就要為其解析其基本狀態與現況還有未來的可以選擇，這叫知己知彼百戰不殆。否則你能給什麼正確的建議？只不過是有限理解的錯誤邏輯。

　　當然你也可以給予一些自己或過去透澈理解的經驗案例，客觀的告訴他：「你這些情形很常見，所以我感同身受，我會盡全力協助你一起度過這個關卡。」

5. 方法

　　同理心的拉近距離後，你必須要給予正確的方向方法，協助他面對各種問題，然後逐項解決。例如用言武門兵法「**觀史盤覓習整變轉逆**」，扭轉他的思維與行為。

6. 激勵

　　然後以激勵大師的氣場化解他的絕望、不安與焦慮，告訴他真實的潛能，並且陪伴他正式發揮出來。因為激勵如果不是來自於他自己，那麼很容易只有短暫的效應。例如，你可以用塔羅牌告訴他，一週或兩週來占卜一次，依照實際狀況再做適當的調整。

　　你即使不能在他心中成為導師，那麼至少要成為朋友，客觀冷靜而值得信任的朋友。千萬不要為他解決了他原本的問題，而你卻成為了他新的問題。

　　我已經寫得很含蓄，因為這類的狀況非常普及。畢竟所有的諮商師都是人扮演的，而不是神。

✡神奇

自然本身就是神奇，
只是你以為理所當然了。
神奇本來就很自然，
只是你還不習慣。

葉子的光合作用，把二氧化碳＋水變成了葡萄糖與氧氣，神不神奇？就只是陽光、空氣、水三元素建構了生命，神不神奇？孩子在子宮的羊水裡存在，接觸空氣後立馬可以呼吸，神不神奇？

當我們智慧開了、福報足了，才能把神奇視為理所當然。當我們被自己的愚蠢與負能量給吞噬，理所當然的自然，你都會覺得神奇。

✡大自然就是愛

大自然是愛，生命來自大自然，豈能把那自然來傷害。

有人說，神就是愛，神就是光，這樣的說法應該翻轉。應該說，光就是神，愛就是神。

如果說這世界是神創造的，那神又是誰創造的？神如果是本來就是的存在，那神就是自然。正確來說，自然就是神。

人法地，地法天，天法道，道法自然。自然並不是神，自然就

是自然。自然是那無始以來的時間，是那沒有最大也沒有最小的空間。

道在自然裡，所以有各種道。輪迴的循環，那就是自己選擇的軌道。大道中有小道，中道邊也有旁門左道，你想在哪一道，只要切換方向盤，油門一踩，就能換道。

伏羲大帝畫八卦，後人延伸展易經，連山龜藏文王易，皆是道上論玄機。

中國的易經是什麼，64 卦就是告訴我們生老病死成住壞空的真理與順序。

西方的生命之樹，10 個能量核心，22 條路徑，也是通往智慧的道。

塔羅牌 22 張大阿卡納，56 張小阿卡納，這 78 張牌也是道的數字與圖騰的共同呈現。塔羅也是道。

不論哪一種論述，道都在告訴我們自然的定律。道，就是愛，就是大自然，別再胡扯瞎扯的胡說八道。

✡療癒的祕密都在大自然

存在就是一種平衡，不平衡所以會有改變。所以世間所有的一切，都在不平衡中往平衡的方向前進，為了存在而改變，持續的為下一個存在而平衡。

在生物的細胞分裂裡，都是成對的分裂，有其陰必有其陽。在

一樣當中發現不一樣，在不一樣的路上遇見一樣。

在問題發生的同時，答案已然出現。就像那噁心的藥廠，為了販售解藥而製造病原，就像解毒軟體的高手，都是電腦病毒製造的專家。金庸小說裡的暗器之毒，解藥也都在放毒人的手上。這是人類極端自私無腦的呈現，通往地獄深層的大門。

你的思維如果正確了，那麼必然有完美的邏輯。有了正確的方法，一定有完美的結局。

你說有生必有死，何不說有死才有生。依此類推，因為有地獄才有天堂，因為有災難才有美滿，有黑暗才有黎明，有負面才有正能量。

沒有王八蛋的存在，何來英雄的價值。這一切都是這麼自然。

✡ 自己 治己

很多人都說做自己。但，你知道自己是誰嗎？你想要做的自己是對的嗎？不要做了半天，都是自私自利的自己，沒有進步，只有墮落；沒有喜悅，只有抱怨。

在《決戰與決策》一書裡的言武門兵法，觀史盤覓習整變轉逆，九個字的淬煉後，你才有可能建構你最想要的自己。

自，是眼睛上面那一撇。意思就是你必須真觀，貞觀。用己眼、他眼、外眼、內眼、肉眼、心眼、古眼、今眼等八眼共同觀之，才能發現真正的你自己。

發現自己，必然看到自己的缺弱殘破病之負面，也因此能依照實際之需求而治療。愛自己，必治己。

治己有方，身心靈同步，從心著手，靈已療；靈性提升，身已癒。療癒，不是囫圇吞棗的看病給藥，而是確實探索自己後的治理。

誠懇治己，必能幸運遇見美好的白己。

✡ 愛與喜歡

愛不一定喜歡，喜歡會誤以為愛。

但喜歡與愛都會在乎，在乎的不是對方，而是自己。

愛是動詞，喜歡是形容詞。

所以沒有行動，不會有愛，喜歡的感覺也慢慢會消失。

一開始喜歡，然後你付出，於是你愛。但是愛了之後，你發現不喜歡了，卻依舊付出，所以以為你很愛。

愛與喜歡，經常不一定同時存在，所以彼此傷害。喜歡而錯愛，愛錯而勉強自己喜歡，直到再也勉強不來，才滿是傷痕的離開。

喜歡是感覺，完全假不了。別問愛不愛，要問喜不喜歡。不喜歡了，很難繼續愛。

但你一直誤會了愛。愛，從頭到尾不是獲得，而是奉獻。

love ＝ 3645 ＝ 18 ＝ 9

喜歡的重點不在對方，而是自己。

like ＝ 3925 ＝ 19 ＝ 10 ＝ 1

喜歡你自己，才能共振別人的喜歡。

愛你所願意，但請評估值不值得。一旦給了，別期待要回來。

女孩，別討好你的喜歡，那會讓自己少了被愛，顯得悲哀。只要關注的愛你自己，綻放你的光彩，很難不讓男人喜歡。

方向對了，幸福滿載。

方法錯了，別談真愛。

✡ 好療癒

這是一種短暫的錯覺，也是網路瘋傳的口頭禪。基本上，說的人、寫的人，都不清楚什麼是療癒，更不會明白什麼是好療癒。

看一個景象、聽一首歌、吃一個食物，然後就說好療癒，難道你原本很受傷嗎？

其實你們所形容的好療癒，應該是要表達很感動、很溫馨、很激勵、很可愛、很羨慕、很嚮往、很刺激、很爽快吧！什麼都好療癒，記者、主播都好療癒，弄得大家都好困惑。

但從這些種種應對來看，不難看出現代人好空虛、好茫然。

沒病不用療癒，我比較希望大家都好有愛、好有目標、好有方向、好有溫度、好有智慧、好有未來，當然更希望這本書能夠對大家好有幫助。

✡ Healing

健康的英文是 Health。

療癒的英文是 Healing。

以英文字母對應的數字能量來看，

Health = 851328 = 27 = 9

Healing = 8513957 = 38 = 11 = 2

這個部分看不懂，請參閱《翻轉命運的力量》第 24 頁。

健康本質靠奉獻，療癒的本質是表達。於是可以簡單的來看，不懂奉獻而多計較，很容易情緒上出問題，很難健康。

療癒是一種依賴，是一種靠表達就能得到改善的一件事。病人說好話祝福自己，醫生說激勵的話鼓勵病人，藥還沒吃，已經好多了，而不是病醫合作，一起驚嚇病人的病情。

但，問題來了，這兩個字的共同現象就是，都是沒有 4 沒有 6。意思就是大家以為健康了，並不健康，大家以為療癒了，卻沒有療癒。

因為 4 是安全感，6 是愛也是療癒，沒有安全感沒有愛，怎麼會健康？怎麼會療癒呢？

所以所有的醫學都只是在治病，改善症狀，並沒有真正給患者安全感，更沒有愛，而是一種交易。在這種前提下，所有的病人永遠都是病人，充其量就是客戶。緊急的傷患就是短暫的客戶，慢性病患者就是長期客戶。

所以療癒這個能量才會是 11/2，矛盾的以為好了，其實永遠沒有好。

如果療癒只是從肉體上著手，不考慮心靈的層面，事實上緣木求魚，離真理越來越遠。

健康若沒有大愛的自私自利，那麼都是短暫的假象。

大自然的道理很簡單，只是人們不願意真實瞭解。嘲笑著禽獸，自比為萬物之靈，在沒有真正把人性良善的心靈給提升之前，比螻蟻還低能。

請給予病患「安全感 /4」，給予病患真誠的「愛 /6」，給予病患積極向上「表達上的鼓勵 /2」，讓病患自己願意奉獻「大愛 /9」，才有真正的療癒。

✡ 幫助就是全世界最神奇的藥

秦始皇嬴政，擁有了天下，害怕著失去，所以建構了萬里長城，也處處找方式煉丹，找尋那所謂的長生不老藥。事實上，這是緣木求魚的愚蠢與貪婪，於是秦朝沒幾年就結束了，不只是嬴政的生命。

秦始皇做了很多貢獻，當然也算是慷他人之慨。犧牲了無數生靈打造的長城，阻擋了匈奴的入侵。統一了度量衡，讓人們交易容易，往來容易。統一了文字，讓人們溝通容易。這是霸權底下所能造就的方便，而非意見分歧的拖泥帶水。

但，秦始皇就是不懂自然，不知「道」也，才會疲於奔命做一些勞師動眾、徒勞無功的事。

　　牛頓的三大運動定律，形容的也是道，尤其是第三運動定律的
「有一作用力必有一反作用力」。這就是付出者收穫，幫助者反
被幫助，幫助別人就是幫助自己的原理。

　　廣佈恩澤，必得天佑，幫助你的子民，天就會幫助你。苦民所
苦，天必體恤你的辛苦。

　　黃帝當年逐鹿中原，一樣獲得天下，而其思維與嬴政就是天壤
之別。不論後人說黃帝內經之靈樞與素問上下兩冊，究竟是不是
因為黃帝而撰述，中醫系統卻永遠尊為源頭之寶典，而黃帝本身
也享年 120 歲。

　　這一切都在說明「幫助」就是全世界最神奇的藥。

✡西醫邏輯

　　西醫相對於中醫，應該說就是西方歐美科技時代的產物，而東
方的醫療邏輯，也幾乎被完全侵略與併吞。藥物的邏輯，仍然停
留在當年的殖民思維，全世界幾乎都是西藥的殖民地。

　　中醫的運作模式，確實還有很多可進步的地方，應該說已經比
起扁鵲、華陀的時期退化太多。但那真正的中醫思維與行為實乃
中庸，中庸之道的醫學思想，故稱中醫。

　　西醫就是直接處理症狀，處理不好的換科轉診。多的切掉，少
的填上，跟玩積木樂高很像。沒處理好，就是我們已經盡力了。

　　沒有儀器，沒有驗血驗尿，沒有數據，完全無法判斷到底病患

怎麼了。一種感染狀態，四個醫生可以開四種藥。

藥物只說怎麼用，不說會有什麼其他不好的副作用，所以我都推薦所有人都必須有一本《常用藥物治療手冊》或《常用藥品手冊》，因為很多醫生的用藥邏輯都不同，而藥物的熟悉者卻是藥師。但藥是吃在你身上，你怎麼能不知道？

醫療科技一直在進步，那表示一直都還有很多問題。醫生如果只是用恐嚇的模式，對病患絕對不會是好事。

血糖血壓的原因，醫生無法真正讓你明白，因為他也不知道，只會建議用藥物「數據式的治療」，用那「眼不見為淨的邏輯」陪你終老。

西醫很快，有沒有效，很快就知道。而其有沒有效，就是現在感覺好不好，數據好不好，其餘的連鎖效應，誰知道？

你會說我怎麼知道，因為 20 年前我就是大藥廠的訓練講師了。

✡ 中醫邏輯

望聞問切，大家都聽過，只是都不明白。哪個最難？不會的，都難；會了，都簡單。切，確實不容易，切就是把脈。

中醫一定要會把脈。

但會把脈不一定要成為中醫。

會把妹不一定會把脈，

會把脈就很容易把到妹。

如果你能學會把脈，那麼你也才能比較瞭解一個人，別說瞭解誰，至少能瞭解自己與周邊的親人。

我們都不希望被誤診，不希望被騙子招搖撞騙，那麼請你別淡漠自己可以練就的工夫。你整天談著什麼療法，但對人體的基本自然運作卻完全知識貧瘠，請問你是幫人還是害人？請問你是救人還是傷人？

我們常聽說，我真的很愛你，但你拿什麼來愛？你會什麼？你能做什麼？

我們常聽說，我想幫助你，但你用什麼來幫助？

在虛的世界裡，你很難實在。

在實在的工夫具備後，虛實才有選擇與判斷的能力。

醫生看病治疾，其實經常都是表象。中醫會批評西醫，說那只是頭痛醫頭、腳痛醫腳，事實上，中醫也常在表象琢磨。

西醫看「現象」，中醫探「脈象」，無論是儀器科技還是望聞問切的判斷，都是「表象」。

只會批評中西醫的，又能給予什麼「真相」？給的經常都是訛詐的「假象」。如果你統統懂了一些，不必全懂，你就會明白這些更是「亂象」。

凡所有相皆是虛妄。

醫不療魂，藥不癒魄。療癒，還得在大自然裡探索，才能解開真正困窘的枷鎖。

在那來得及之時，預知來不及之事，在那來不及之時，做那來得及的事。

✡藥，是快樂草。

身體不快樂，有讓身體快樂的草。

心裡不快樂，有讓心裡快樂的草。

靈魂想快樂，也有靈魂快樂的草。

草，都是起得早。在你還沒不快樂之前，就已提早到，只是你還不知道。

傳染病，都是植物惹的禍，因為黴菌、細菌都是草。以夷制夷，以草制草。

前者便宜行事，後者草草了事，都能沒事。

慢性病，都是習慣惹的禍。因為習慣已根深，行為已蒂固。根除慢性病，沒有藥，只有將習慣連根拔起才能好。

心病，是心上扎針扎歪掉，必然糟糕。其實這針也是草，要嘛摘掉，要嘛對正扎好，不貪不求，不凸不凹，中庸平衡，自然好。

靈無體，何來病？本來就沒有，何必自尋煩惱。野火燒不盡，春風吹又生。大地消長，必先長草。你要快樂，萬物皆藥。

✡臨界物質

物質與非物質中間有一種東西，不算物質也不算非物質，我稱之為臨界物質。

精油，如果只是把祂當成物質，那麼就是褻瀆，亦是侮辱。

精油，是植物的靈魂，是眾星辰能量之薈萃。

當你看得見祂時，就像菩薩的示現；當你聞得到祂時，就是與你靈魂交會的瞬間。

得以見聞，皆是物質。揮發擴散滲透到那內外極限的無窮遠，回到了寰宇的身邊，此刻就是非物質的呈現。

精油，是愛，在那釋放的過程，就是物質與非物質的臨界點。滋養你我心田。

✡戒

無惡因，就不會有惡果。

無惡果，就不會有痛苦。

這個無，來自哪裡？戒。

戒，戒給別人看，那是騙，騙自己也騙別人，這是可憐的愚蠢。

戒，戒給天地看，戒給鬼神看，那是貪，貪那天地的肯定，貪那鬼神的觀感。

戒，要戒給自己看，往心裡探。戒到了不成戒，戒到了理所當

然，戒到了很是自然，戒到了不必守戒已戒除，這就是定。

定，即是自然的不受外因干擾。外界再亂，心靜依然。心靜了，如混濁之泥湯沉澱而透澈，自然明亮，這就是慧。

開智慧，不必外求。靜心，自然覺知，都是從戒而來。

從起心動念都在戒，那麼定就是靜心，慧就是覺知。戒得自然，即是智慧開啟的自然。

心想事成，在惡因招惡果上特別快速，因為人們特別恐懼特別相信，想著想著就發生了。越說不要的，越會來。

所以，戒，就是連這個不要都不要了。

✡ 專注與目標

專注著豐盛，就會豐盛。

而不是專注著解決貧窮困頓。

專注著快樂，就會快樂。

而不是專注著遠離哀傷痛苦。

遺忘，不是刻意逃避。

而是專注著你要的，自然就會遺落你想忘的。

忘是亡心，心是習慣，改變習慣自然忘。

✡ 咸 感

咸，乃全、都、普及。

咸卦，乃周易第 31 卦，下艮上兌，山上有澤，互有感應，此乃吉，喜之象。

感，乃咸卦之心。因此不論眼耳鼻舌身意任何感覺，皆應以吉看待，以喜對應，必能得到美好的回應，此乃心想事成之呼應。

容易感動與容易感傷，差很多。

一個往上動，一個往內傷。

很感性與很性感，差很大。

一個洗滌著人性，一個沸騰了獸性。

該哭不哭，是勇敢。

該怒不怒，是氣度。

該笑不笑，不是病了，就是還沒反應過來。

咸即是感之心尖上，感即是咸下心上傳。這一切都是自然。

喜怒哀樂一點點，山上豐澤樂悠揚。

享受每一種情緒，體會每一種感覺。

✡占卜

卜，乃通達天地的指示，前行的羅盤。

占，乃卜後，以口陳述寰宇之訊息。

占卜乃讀懂時間空間運轉流動的趨勢，以供因應之決斷與選擇。

故，此乃大自然的語言與恩賜，必恭敬而能解之，不可嬉戲而玩弄。不可為不正當的人事物占，不可在毫無疑惑的狀況下還來卜。不可占卜後，依舊故我而逆行，否則占卜自此與你絕緣。

占卜有三不：

不誠不占

不義不占

不疑不占

切記，

依此原則而占卜，必能解惑。沒有所謂的精準度，因為占卜所呈現的就是事實。事實只有百分百，沒有疑慮。

****

塔羅牌有 78 張，抽到任何一張牌的機率是 1/78。

連續兩天抽到同一張的機率，就是 $(1/78)(1/78) = 1/6084$。

連續三天 $(1/78)(1/78)(1/78) = 1/474552 = 0.00000210725$

如果不是天意，那是什麼？

****

天地出題於感受，洩答於表象。

感受是覺知的機會，表象是真相的表露。

寰宇的表達，從來不是說話。

表象的陳述，你必須學會觀察。

世間無祕密，只有真實意。

****

塔羅牌占卜是很莊重的事，越是心存敬意與感激，自然越會回應你貼切的答案與方向，以供你決策。

****

卜卦，運用的原理，從來沒有誰講清楚，其實就是「同頻共振，心想事成」的誠敬運用。

****

不論你作任何占卜，易經卜卦、塔羅等等，最重要的一件事就是靜心而忘我。如此，卦象與解讀才不會被你的情緒與妄念所干擾，也才能與天地鏈接，巫以指引，正確幫助。

****

占卜的力量，不是來自任何一個鬼神，而是來自於天地，來自於道，來自於自然。

抓周、抽籤、數字、圖騰、現象、巧遇，都是寰宇給予的訊息，而這訊息都可呈象。解讀此象，即可探知時間與空間的線性關係。看懂了，就有正確的方向；錯判了，就會誤入歧途。

占卜，是一門技術、一門藝術、一門科學、一門哲學、一門穿越過去現在未來的智慧之學，而其關鍵就在速度與視野。

當速度快到一個極限，視野放大到無窮之遠。過去現在未來就只是時間上的一個點，內在外在你我他也就沒了任何分別。

塔羅，很難完整的考古。易經，很難真正的追溯。不必把兩者畫上等號，也不必矯情連接，但我們確實能感受，這一切都是大

自然給的禮物。

大自然，出了題目，也給了答案。

連解答的方式都給了明確的方法，這樣的考試稱之為「Open Book」。

而我們要學習的，就是讀懂祂給的答案，當一個誠懇感恩恭敬的 Reader，而不是無腦貪婪的 Speaker。

慢慢的，你會讀懂現象，讀懂循環，讀懂因果，讀懂自己，讀懂天地，讀懂道，讀懂自然。

✡ 卜卦的儀式感

不是空為儀式而意思意思

而是鏈接天地你我訊息同步的必須

由「靜心」開啟

以「覺知」感激

靜心與覺知同步具備淨化的作用

靜心陰中藏陽 覺知陽中藏陰

清澈於思維 扭轉於行為

將地水火風四大元素豐沛而平衡於生活

這是占卜時專用的精油

更是每天靜心與覺知的元素

問卜者，占卜者

占卜前同步用靜心

占卜後同步用覺知

同步於寰宇

****

靈性工作者，包含命理師、風水師、占卜師、通靈者、仙姑、乩童、辦事人員，靜心與覺知都是非常重要的過功課。

能量的交會，必有干擾與消耗，在每一次「儀式」的開始與結束，莊重而恭敬，適度補強自己的「場能量」，才能順利圓滿一次又一次的任務。

曬太陽於背脊，是補陽氣的重點。

正常的作息與運動，是強化氣場的基本。

「靜心」與「覺知」這兩瓶來自大自然的禮物，值得有緣者隨身攜帶而善用之。

「靜心」能量精油 10ml

成分：紅檀木、西印檀、岩蘭草、玫瑰草、葡萄柚、檀香

使用時機：

1. 禪修靜坐

2. 讀書寫作

3. 藝術創作

4. 禮佛誦經

5. 思緒混亂

6. 心境迷茫

7. 占卜前

「覺知」能量精油 10ml

成分：香柏木、扁柏、尤加利、綠花白千層、大王松、岩蘭草、檀香

使用時機：

1. 磁場混亂

2. 負面思維

3. 無執行力

4. 邏輯短缺

5. 心神不寧

6. 雜緒叢生

7. 占卜後

✡星星月亮太陽

星星有幾個？沒人知道。

你不必想你來自哪裡，也不必想哪個是你的歸宿，但每一顆此刻都影響著你，只是有著不一樣的作用力。

有人說與你最密切的叫星座，事實上那是在你出生時，這些星星與你粗略的邂逅。

在宋朝陳摶老師簡單歸納與人們息息相關的 115 顆星，有人說 111 顆，有人說 118 顆，大約就這麼個數。這些星星每一個都會影響任何一個人，只是在不同的時空、不同的亮度、不同的組合、

不同的作用力。

　　每一個都有真實的對應，並非虛擬的星星。最大最亮的那顆星，叫做紫微星，就是咱們現在說的北極星。於是這樣的星盤推演，對應上了生命運行的走勢，預知著時空與你的全盤趨勢，我們稱之為紫微斗數。

　　太陽也在其中，月亮也在上面，就是太陰，而這兩個不是最大，卻對我們影響深遠，因為祂們距離咱們最近。

　　在塔羅牌的世界裡，大阿卡那牌的第 17、18、19 張牌，恰巧就叫星星月亮太陽。

　　如果你有偉特牌，那麼你可以瞧見，第 17 張牌星星，對應水瓶座的女子，左右雙管齊下的水瓶，一瓶注入水池，漣漪四起。一瓶灌溉草地，潤澤五行，$1 + 7 = 8$。於是星星牌告訴我們夢想願望不能只是想，而是必須付出奉獻的行動。

　　第 18 張牌，月亮。卻也告訴我們月亮的光來自太陽，而不是理所當然。要前往自己的成功目標，必然需要穿越各種阻礙。$1 + 8 = 9$。再看圖上 15 片葉子般的光，$1 + 5 = 6$。陰陽平衡的大愛小愛，都是勇敢面對的力量。

　　第 19 張牌，太陽。$1 + 9 = 10 = 1$ 那是赤子之心的熱情，騎在白馬之上，微笑踏上人生的方向。燃燒自己，照亮萬物。

****

　　科學解釋著現象，但總是會遇見解釋不了的問題。所以科學持續驗證著科學，也不斷推翻著科學。所以叫做科學。

　　全息律可以解釋了過去無法理解的問題，但又不是真的理解。

　　因為科學像是不斷分裂的細胞，不斷長大的孩子，但長大的部

分只是肉體，只是知識。與智慧無關。

智慧，是不必解釋也無法真正傳達的覺知，不必識，已經知。

智慧檢討著科學，也讚嘆著科學，甚至憐憫著科學，因為這是智慧的慈悲。

科學永遠沒有停止進步的一天，原因就是科學永遠沒有究竟。永遠無法明白真正的明白就是不必真的明白。

就像什麼是自然？什麼是道？

不知道是自然，自然就是道。

****

這世間很多的學問，

若非還沒真正明白，

就是還沒正確表達，

於是不曾完整傳承。

****

菩薩不住廟裡，菩薩也不在天上。

而是哪裡有需要，菩薩就在哪裡。

菩薩不是你以為的樣子，

即使在你面前，你也不認識他。

菩薩精通所有文字語言，

你可以用任何方式與他對話。

不要只是說你想要什麼，

而是你願意做甚麼對這寰宇報答。

****

塵埃，不是太陽的灰燼，

而是星星的種子。

惡魔，只是修行路上走偏的小孩，

追求迷惘的暫時狀態，隨時會醒來。

父是天，母是地。

人生於天地間，

不敬父母，已不是人。

不必拜佛求神。

教育訓練是父母給子女的，

是上對下的傳承。

父母錯了，我們要做的只是提醒。

父母不懂，我們能做的只是分享。

不是由下而上的教育訓練。

父母老了，失智了，失能了。

這是他們的無奈，不是我們的障礙。

我們必須做的只有溫柔貼心的對待。

你的態度，別只做給利益攸關的人看。

而是不論你怎麼做，天地都在看。

不要不耐煩，當你需要幫助時，天地才會不厭其煩。

塔羅牌與生命靈數的緣起時間大約只差 200 年。生命靈數是畢達哥拉斯於 2500 年前提出，塔羅占卜大約 2300 年前發跡。

以此推演，先有生命靈數才有塔羅牌，於是塔羅牌已經有了數字的象徵加在每一張牌的圖騰裡。

　　因此正確來說，想要將生命靈數的不足給補強，那就必須運用塔羅牌。想要透澈塔羅牌的解析，務必學會生命靈數。

　　在大道至簡的原則下，生命靈數不曾複雜，塔羅的一切更是親民。將這兩項工夫合為一體，就能將天地萬物的模糊，轉為清晰可見的明白。

****

門外永遠不會清晰空間陳列與溫度，

門內才是深刻體悟生命磨練的開端。

門內門外的不同，不是物質的呈現，

而是你入門出門間，靈性的轉變與奉獻的體驗。

文字與言語不只是工具，

也不只是文化建構的元素，

而是能量躍然於符號與聲音的外在影響與內在蛻變。

言語是一門修煉的武學，

文字是觸及靈性的刀劍。

言如兵法，足以勝萬軍。

文似醫藥，足以救生命。

言如李斯，文若韓非。

慎言如妙文，智慧已開門。

這扇門沒有門簾，沒有門框，沒有門板，沒有門檻。

沒有進出口，用腳無法跨越。

誠則穿越。「言武門」。

✡ 69

　這是 69，也是太極，6 與 9 是恰巧的顛倒。因為 6 是陰，9 是陽。6 是小愛，9 是大愛，沒有小愛何來大愛。

　69 轉個 90 度，就是巨蟹座的符號，因此也成就巨蟹座本身愛家的自然。巨蟹座屬 4，4 是規矩，於是陰陽平衡的太極，對應就是天地間的規矩。

　6 是小愛，6 是療癒，6 是承受，6 是影響力。

　9 是大愛，9 是夢想，9 是奉獻，9 是持續力。

　只有 6 沒有 9，會顯得自私，只顧自己人，不顧旁人，有關係就沒關係的自己人思維。

　只有 9 沒有 6，那就要走在踏實而堅定的夢想路上，生命才不會顯得茫然。

　當 6 與 9 都平衡的狀態，那就是有捨有得，使命必達的穿透力。

✡ 易經就是愛與療癒的最佳引導

　易，是大自然脈絡，是時空交錯的思維，是寰宇運行的邏輯。是過去與未來的科學預言，是生命軌跡的最高智慧。

　易，不是宗教，不是法律，卻是天地萬物逃不出的輪迴規律。

　易，是成住壞空，是元亨利貞，是生老病死，是起承轉合，是沒有開始的開始，是沒有結束的結束。

易經是易，易卻不只是易經。

易有經緯，易在十方。

人法地，地法天，天法道，道法自然。易就是道，易就是大自然。

易是中庸思想的根，易是諸子百家學說的種，易不是只在中國，不是只有中華兒女才能傳承，而是全世界所有人種每個角落都應清晰明白的基本智慧。

牛頓的古典力學是易，

愛因斯坦的相對論量子力學是易。

而人們作繭自縛是易，

菩薩慈悲是易，

六道輪迴的因果當然也是易。

易是理所當然的慣例與規律，

想要特例，想要破例，只能了脫因果，不再輪迴，不再繼續於萬有引力中糾纏。

大道至簡，易即大道，大道即是易。

人是為什麼活著？

這是很傻很無腦的問題，人只是為了「還不想死」而活著。

應該問，人應該如何很有感覺的活著。兩個字「**目標**」。

當你沒有目標，請設定目標，並且一次只設定一個。當你完成了目標，請設定下一個。永遠都有一個目標，你必然很有感覺的活著，否則等同死了。

易經可以持續給你目標，易經就是最佳的療癒寶典，易經就是愛的道路，只是你必須完全通透與理解。

屆時你就會發現「**愛與療癒本來就是人類的本能**」。

✡ 形音義

　領悟每一個細微的真理都是愛，就像每一種學問的最高端都是哲學。

　這世間所有的文字語言都是形音義的延伸與標記。正確來說，在表達與溝通傳承的路上，有五種東西，都是形音義的接著劑。以其誕生的順序，就是 1. 數字；2. 圖騰；3. 符號；4. 語言；5. 文字。

1. 數字（數）

　是最原始的表述與記錄，在還沒有圖騰，就已經有數字的念想，這是生物的本能，不是人類的工程。而每個數字所代表的意義也就在天地人萬物的共識中被建立。

2. 圖騰（象）

　首先記錄的應該就是數字，那與數量及次數的感覺都在人們內心的在乎之中。並且以視覺記錄所見之人事物。

3. 符號（符）

　簡化圖騰的方便，在那大道至簡的基本思維中，符號成為了各種簡化的代表。

4. 語言（言）

　是用聲音傳遞思維的基本共識，先有少數人的共識形成了語言的共識，才有陸續語言的累積與傳承。

5. 文字（文）

是將語言與圖像符號整合的一個偉大歷程，若無嚴謹的思維邏輯，創造不了一系列的义字。

這五個過程是人類文化建構的重要程序。任何民族的傳承都是如此的延伸。

然而，人們也喜歡求新求變，總希望自己是特別的，不一樣的。於是從拉丁語系中的英文、法文、德文、義大利文、葡萄牙語、羅馬尼亞語、巴西葡萄牙語當中就可以看出語言文字的變化，不失人性的思維。

但不論怎麼變，永遠都在形音義的規則裡衍生與交流。

所以我必須說，沒有一種語言文字符號與圖騰是無法溝通的。尤其是數字。

於是咱們可以理解，**數字是思維的開端，是空間的方向，是時間的起點，是思維邏輯共識的靈魂。**

✡愛的思維 1

➤ 文明

文化不是一天養成的
自然永遠不會毀滅的
在自然中釀造文化
在文化中揮灑自然
遇見明天
就是文明

****

➤ 悟

悟，是知道自己了，是心與自己共振了，自己又再共振世間萬物，即使沒有知識也有智慧。

你擁有了很多知識，但沒有消化，沒有入心，沒有因此而覺察了自己，那麼知識都只會成為障礙。誤了自己，誤了一切。

人生半夢半醒，一半悟一半誤，於是有了輪迴。悟比誤多，上昇。誤比悟多，沉淪。全誤了，必然悲催。全悟了，必然慈悲。

別問你是誰。誤了，你很難是誰。悟了，你想是誰就是誰。

****

➤ 備而不用

這世界有很多人事物
最好都是備而不用
那麼平淡就是奇蹟
例如軍人警察醫生

如果都很閑

只需不斷操練自己

天下必是安和樂利

****

心，是一個池子，是一個開放的空間。

裡面一點點，左右皆逢源。

心，不閉鎖，虛則注，滿則溢，長保新鮮。

****

➤ 學習

學知天機，習以交會。

若無學習，難掌機會。

1創造力，2表達力，3學習力，4規劃力，5競爭力，6影響力，7分析力，8執行力，9奉獻力的緣起，都來自於學習。

於是你會發現，最需要學習的一門學問，就是學習力。

學習力3是創意，是萬事皆有趣的赤子之心，是無限可能的機會，在規劃力4的同步存在時，找到了競爭力5的邏輯。

✡ 愛的思維 2

愛，這個字很特別。

是朋友間隔著牆的兩顆心。

是心的感受。

於是因緣相聚的兩個生命，心的感受不共鳴，就沒有愛的存在。

友，這個字在愛裡面所扮演的角色可重要了，因此愛只穿梭於朋友間。沒有真心的對待，別說家人，別說愛，連朋友都不是。

****

生與死是必然的起點與終點，

老與病是無法逃避的過程。

這四項，每個生命都肯定會經歷，只是狀態統統不一樣。

老是一種病，病也是一種老。

那要用什麼方式來治療？

唯有愛，才有效。而這種治療不必政府發的執照，也不會涉及療效，並且醫療院所總是給不了。

肉體的老，用物質調。

心靈的病，用靈藥整。

但那靈藥不是來自天空落下的 NSAID，而是你說了一輩子卻從來沒有真正瞭解的愛。因為愛就是療癒，療癒就是愛。

****

整天在談愛地球的就是人類，

唯一能給地球傷害的也是人類。

這地球別想得到真正的療癒，

除非人類在地球上消失。

人類有個不治之症，就是自以為是。自稱萬物之靈，我卻只看到對萬物的霸凌。

不論是否有著上流社會的身段，思維請勿下流。不論你遇見什麼洪流，請讓自己砥柱於中流。

不論你在什麼身不由己的亂流，請莫忘你自許為清流。在無常的狂流中，你的智慧與福報方能細水長流。

****

愛，要用一輩子來體悟。

大部分的人卻用一生來糊塗，並且是真糊塗，不是假糊塗，更不是難得糊塗。

你把喜歡、占有、享受、縱慾當成愛，難怪得到的都是傷害。

愛是責任，是勇敢，是傳承，是療癒，是忘我，是包容，是不在乎感受的付出，是菩薩畏因的慈悲，是全力以赴的祝福。

愛，從感恩開始，感恩是一種覺知，是一種償還，當然從父母緣起，那是你所能知最早的方向。

愛，在幫助擴散，幫助不是給誰看，而是天生我才必有用的理所當然。

愛，不是選擇，卻是不能本末倒置的自然。

✡愛的思維 3

認真對待你的人，你忘了認真。

你認真對待的人，忽略你的真。

你的人生總是這樣過著，那就真的對不起任何人了。

＊＊＊＊＊＊＊＊＊＊＊＊＊＊＊＊＊＊＊＊＊＊＊＊＊＊＊＊＊＊＊＊＊＊＊＊＊

你說「學這個沒用」，

因為你「忘了學會怎麼用」。

＊＊＊＊＊＊＊＊＊＊＊＊＊＊＊＊＊＊＊＊＊＊＊＊＊＊＊＊＊＊＊＊＊＊＊＊＊

如果我都幫你決定了，

那就不只剝奪了你選擇的權利，

更是葬送了你決策的能力，

同步毀滅了你的思維邏輯。

＊＊＊＊＊＊＊＊＊＊＊＊＊＊＊＊＊＊＊＊＊＊＊＊＊＊＊＊＊＊＊＊＊＊＊＊＊

當你細膩體悟，你會發現。

大部分的事，都只有一次機會，

遇見了，沒抓牢，就沒了。

在那陰陽調和，因緣具足的剎那，就會是自然而然的剛好。

正面迎戰每一個歷練，

而不是在每一次的錯失良機後悔莫及。

✡愛的思維 4

沒有吵雜，遇見不了寧靜。

沒有害怕，激盪不出勇敢。

發現脆弱，才能鍛鍊堅強。

****

這世界最悲哀的是

你以為你很強，其實你爆弱。

最令人恐懼的是

你以為他很專業，其實什麼都不會。

各行各業的最基本原則就是

不要賣素食卻用肉的誤人子弟。

不要「騙假騙假」[1]，把大家當「北甲」[2]。

不行，就回去重練。

****

當人們信任你

才將責任託付給你

你辜負了信任

就是債

債逃不了

抹不去

全在因果裡

註1：臺語騙吃騙喝的意思。

註2：臺語「白痴」的諧音。

現在稀少的物質，曾經卻是眾多的。

所以現在還能遇見的，有一天卻會再也找不到了。

物以稀為貴，是腦殘遊戲。

此刻茂盛的只在當下有，珍惜該時空節氣所豐富的，就會是另一個階段所缺乏而需要的。

* *

當你運勢不好的時候，不必自欺欺人，你必然會有感覺，種胡瓜長絲瓜。你會說最慘就是這樣了，不！可能才正開始慘。

這時候該怎麼辦？想要翻轉，先設停損點。

請用艾草，止息這股烏煙瘴氣往上竄。

艾，是停止。

逆轉頹勢，即以艾止。

方興未艾，這句成語的意思就是正在蓬勃發展，尚未停止。

用在好事很好，發生在壞事卻很糟。

* *

忙，從來不是好字。

從形音意來看都沒有任何正面的能量。

心亡謂之忙。

同音者，盲芒茫氓，盡是負面的倉皇。

別說自己忙，那是毫無目標的方向。

當誰將忙當成對你的藉口，那表示你從來沒在他的心上。

不必追問，只得心傷。

* *

別把日子過得忙碌，而是要充實。

別把目標設得雄偉，請務必踏實。

忙碌是虛的，雄偉是遠的，充實踏實才能是穩健的。

****

先學而後習，

學是從無到有，

習是從萌到透。

無學，習什麼？

無習，白學了。

✡ 愛的思維 5

愛，是一種能量的涵蓋，不是慾望的對白。

Make love，華人翻譯成做愛，英語系統的人讓這詞等同了性交、行房。於是人們都誤會了愛。

Make 是製作，數字上 4125 = 12 = 3，是如同孩子般創意的本能。

Love 是愛，數字上 3645 = 18 = 9，是奉獻的思維與執行。

Make love = 41253645 = 30 = 3

人們淡忘了本質上的奉獻，只記得了生小孩。因為這串數字裡，只有 123456，完全沒了 789，沒有靈性，沒有貴人。

Make 是 make，Love 是 love，別把 Sex 擺進來，汙衊了愛。

慾望，從來不是愛，那是生物的本能與習性，

錯解了愛，都是傷害。

****

有時我們以為吃虧了、被騙了、被倒了，其實我們只是用另一種方式還債了、消災了。

這不是安慰自己，而是實際天地運行的自然。但如果你沒有這樣的思維邏輯，你不但損失慘重，更增加了自己的痛苦，那種無形的利息，永遠也要不回來。

反之，詐騙者、巧奪者，自以為得逞了便宜，其實是在傷害自己，笨得要死，還自以為聰明的自得其樂。

在這裡損失了，在那裡反而收穫了。腳踏實地的前行，你會感受得到那份天地都在幫你的感動。即使遲到，一定會到。

****

一滴水，晶瑩剔透。

一池水，黯淡無光。

資源若懂得善用，就不會疲於奔命卻依舊窮極潦倒。

能力若不知盤點，即使擁有蓋世武功也毫無用武之地。

沉澱思緒的尋覓，才能找到致命一擊的祕密，勝過無腦的努力。

在生存的世界裡，

人們被騙太久了。

努力，從來不是好事，那是狡詐者利用愚者為其賣命的催眠曲。

戰力，從來與努力毫無關係。

你豈能終其一生庸庸碌碌的，不知道這個邏輯。

****

如果你將你所有的時間塞滿了忙碌，

你已沒有了空間可以沉澱靜心。

光照不進的穀倉，就是黴菌的溫床。

邏輯無法迴轉的心房，思維就只能在大腦裡腐爛。

* *

你可以對任何事情皆冷漠，

也可以對周遭的一切不熱情，

但若想要隨時有引爆自己的機會，

你對於媒體或群眾所關注的話題不能陌生。

* *

白道錯了太多，才會產生黑道，

懶得掃黑，就請掃白。

人們無法自律，所以才有了法律。

法律毫無規律，社會必然脫序。

常清理的房子，不會有蜘蛛網，

很令人滿意的安定，何須蜘蛛人？

* *

你的能力與習性給人的印象，

決定了你做事別人的評斷。

為何你說的真話，沒人相信？

因為你一路以來沒做過什麼值得被相信的事，誰都被騙怕了。

你寫的曠世鉅作，會被定義為抄襲。

而一代文豪被認為的特殊用詞，其實可能只是不小心打錯了字。

* *

讚美，是給弱者的興奮劑。

讚美，是給強者的迷幻藥。

用得恰當，互蒙其利。

用不恰當，共承其害。

愚者聽不懂讚美，

智者不需要讚美。

兩種極端都無感於讚美。

對覺者而言，美即是美，不美就是不美，無需讚美。

對透者而言，沒有所謂的美不美。

檢視一下自己對讚美的感受，

就能清楚明白自己的狀態。

✡愛的思維 6

人們很奇妙，

希望綺麗夢能成真，又盼望痛苦的現實全都是夢。

還沒有，想要；有了，又希望沒。

就像吃飯，吃多了，撐了；沒得吃，餓了。

吃久了，膩了；久沒吃，懷念了。

凡事不必飽，才能體會擁有的美好。

人生總有兩難的時候，

也總有無法瀟灑很難理智的時候，

這時候的決策真的很難，

但誰也無法給你下一次的機會，

更沒有試試看，錯了再重來的可能。

當我們沒有所謂最好的選擇，

那就只能去掉比較不好的選項，

在相對沒那麼糟糕的選項中決定。

這已是盡人事。

但這樣決策仍需進入兵法邏輯，

觀史盤覓習整變轉逆，

讓人事的盡力後，迎來較美好的天意。

****

學習如果是你的習慣，

你會越來越強大。

學習如果是你的能力，

你就能成為師者之師。

此刻天下萬物都是你的老師，

你能明白他們說的話，別人卻聽不懂。

因此，世上最需要鍛鍊的工夫，

就是「**學習的能力**」。

****

愛是天下無敵的特效藥

誰都可以釋放

卻偏偏找不到

錯把那愛與喜好混淆

參雜在慾望裡翻攪

不但無法治療

更陷沉淪的泥沼

****

把禽獸置入人類的科技世界，

牠們會突然無所適從，瞬間茫然困惑。

把人類丟進原始的森林荒漠，

人們才驚覺自己的脆弱，不再自以為萬物之靈。

究竟是誰沒進步？誰又退化了？

殊不知，創造與競爭是演化的自然，

只是人類多了讓物質變化的能力，而其他的生物只能順應變化。

然而人類終究有一天，

會毀在自己的物質變化，吞噬著靈性的滋長。

無奈嗎？不，這亦是自然。

****

溫度，是物質與環境整合後的狀態，

卻不是生命個體的實際感受。

溫度，是一種熱能的傳遞，可傳導，可對流，可輻射，

並不是有一種物質叫做溫度。

愛，很像溫度，並沒有什麼抽象或具體的人事物能等於愛。

但，愛無所不在。

愛，不必濃烈；溫度，不在高超。

每個個體都有其適應的需要，只能剛好。

****

我對我女兒說

老爸能給你的，就是一個字「書」。

人生要快樂、要贏，不想輸的祕密都在「書」裡。

「你想帶走的」，就是把書的精髓念到你的腦裡、心裡、習慣裡、工夫裡，沒人搶得走。

「你想留下的」，還能被人記起的，就是寫在自己的書裡。流傳在圖書館、書店、網路、別人的口耳相傳，沒人能忘記。

****

給孩子一筆財產

不如給他一門工夫

還有良好的習慣

財產會花完

工夫吃不完

習慣左右了方向

✡愛的思維 7

檢討，不是要你難過，而是要你改錯。

懺悔，不是償還因果，而是別再二過。

別人待你如何

你無法選擇

你待別人如何

你可以決定

這是似是而非的謬論

根本就是屁話

真相是

別人待你與你待別人

都會因為你的磁場與能力而迅速變化

別人可以選擇你的決定

你也可以決定別人的選擇

****

儀式代表重視，

儀式是對生命與天地萬物的宣誓。

很奇妙的，儀式不是只存在文明的世界。在原始的部落，無需文字語言，也很有儀式。在所有的生物世界裡，包含動物、植物、微生物，都有著你看不懂的儀式。

儀式是一種心念集結的方式，

是一種凝聚共識的方程式，

不能忽視。

如果你的一舉一動都能謹言慎行，你承諾都能如同投名狀，用那一字一句串接著真誠，確實履行。這麼有儀式感的生命，天下誰能不把你當回事？

當這一切變成了必然的思維行為與習慣，你的影響力就會越來越強大。

一呼百諾，頻頻稱是。

****

當我們慢慢懂事後，

才會發現很多事，我們都只是局部懂，而不是全懂。

更重要的是，這世間也很少有真懂的人。

所以智慧通常只能說比較有智慧，而不是全然的智慧。

而人生的方向，就是應該讓自己的智慧從沒有變成有，從很局部變成比較大範圍。當你已成為全然智慧的通曉者，那麼不只是神，而是佛了。

****

好吃的，不要放在最後吃，很可能已經吃不下了，也可能已經被吃完了。

想做的，不要等到最後做，很可能已經沒能力做了，也可能再做也沒任何意義了。

想學的，不要等到所謂有時間再學，因為很可能已經再也沒機會了。

****

為自己在活的，會被說成自私。

為別人在活的，會被說成愚蠢。

為智慧與愛而活的，就不會自私也不會愚蠢。

智慧是能量引爆的核心，愛是能量釋放的奉獻。智慧是陰，愛是陽，可無限小，可無限大。

生死只是能量轉換的過程，存在於行動，活在方向裡。

****

你問了再多的問題，都不會有你要的答案。

為什麼？因為你要的答案就是你最大的問題。

✡ 愛的思維 8

成功，這兩個字害死了很多人。

殊不知成功只是大海裡的暗礁，

只是你暫時喘息的歇腳，不是你坐享榮華的城堡。

不要追求盲目的成功，要去感受貼切的踏實，

一次再一次設定下一個目標，一次次奮力奪標，

就是生命存在的美好。

****

看一篇文，

如果你能看懂對方的起心動念，

而非只是表象，

那麼你已經開始懂得如何看人。

＊＊＊

當你從希望自己是最特別的，
而轉變成習慣自己的特別，
那麼你自信了。
當你又從習慣自己的特別，
而轉變成不在乎自己特不特別，
那麼你自在了。

＊＊＊

你苦找著自信，
那就是痴愚。
自信不必尋找，
就在你自己說的話裡。
你說的話，你做到了，自信就來了。
你不會的，你學會了，自信又來了。
自信者，人恆信之。
很難不自己愛自己。
自信多了，就會自愛了。
自愛了，就會感受自己的存在，那就自在了。
自信生自愛，自愛生自在。
生生不息，一切緣起於學習。
沒有正確的學習，
自信自愛自在就是不堪一擊的遙不可及。

＊＊＊

管理利用的是人性

領導共振的是人心

燒得了鈔票

燒不了黃金

鈔票是人性

黃金是人心

性亂了心，心卻生了性。

領導了心，方能轉了性。

萬事萬物，要用領導，不是管理。

管理乃是死胡同，難以究竟。

****

有人在看，你做好，那是裝模作樣。

沒人理你，你做好，就是不欺暗室。

做給人看，沽名釣譽。

做給天看，太過矯情。

做給己看，孤芳自賞。

那該做給誰看？

做就是做，管他誰看，才是自在。

****

小時候，咱們是孩子。

長大了，爸媽是孩子。

等咱們又是孩子了，已經老了。

****

不會，只要正確學習，

就能與奇蹟交會。

學習，需要的是明師，

不是名師。

學習，只要清楚目的與方法。

還沒學，已然確定必然會。

****

嘴角上揚的程度，

就是好運的力度。

快樂時，笑著，合理。

傷心時，笑著，勇敢。

痛苦時，笑著，堅強。

憤怒時，笑著，夠狠。

笑，是唯一能幫助你的表情。

****

如果人生如夢，

那麼我就要夢想成真。

如果人生是場遊戲，

我一律玩真的。

這就是我始終如一的態度。

****

決定的事就全力以赴，

這是對自己的信守承諾。

對自己所思所言義無反顧，

天地才會一路相挺。

誠信不是只有對別人，

還有對自己，對寰宇萬物。

****

方向 目標 行動 速度 達陣

✡愛的思維 9

你說你刀子嘴豆腐心，

這並不是好的形容比喻。

豆腐如同腐爛的肉，容易酸敗。

豆腐心就是容易腐敗的心。

要嘛就變硬，要嘛應更軟。

若說柔軟，豆腐不夠軟，更軟如豆花才能開花。

若說堅硬，豆腐不夠硬，要像豆干無水而堅強，越嚼越有勁。

****

不計較是為了準備計較的能力。

不計較小，才能大計較。

這世間沒誰不計較，只是看你計較的是什麼。

不看那小善小惡，但不能不分辨大是大非。

小我的自私可修煉，大我的自私不能廢。大私者方為大公無私。

別喊著自己做不到的口號，別說著神都聽不懂的神話。

人，乃兩撇。

左撇為陰，是思維。

右撇為陽，是行為。

左右平衡，說你所做，做你所說，

其餘別說別做，才是人的基本原則。

****

不計較，

才有很多腳，

陪你馳騁天下。

小事不爭，

才有勢力競爭。

****

找尋存在感，是一種空虛。

釋放優越感，是一種不自信。

****

貪小便宜，必有大損失。

願意吃虧，才是大智慧。

****

講話能瀟灑，事事可揮灑。

講話不尖酸，資源漫雲端。

****

情緒從來沒有讓人理智過，

喜怒哀樂皆然。

****

　　朋友，在每個人的生命裡都很重要，但每個人對其理解與定義都不同。

　　朋就是兩個月亮互相照亮，月光是反射，於是朋友最重要的就是分享。只想利用人的那別說是朋友，那只是遇見的陌生人，或者交易，或者獵食的對象。

　　親人如果可以是朋友，那麼就會相敬如賓，不至於輕易反目。客戶如果可以是朋友，那麼就會尊重彼此。

　　反之，朋友變親人，就少了朦朧的界線，多了理所當然，反而容易散。

　　朋友相挺為客戶，正常來說很好，但是原本沒有利益關係的自然就反而糾結了。

　　日是奉獻，是付出，是不計較。

　　月是吸收反饋的柔和，是分享。

　　朋，是月月。日日，乃昌。日月，不明則易。

　　這三個字，看懂了，你就不會再糾結於朋友的定義與狀態。

　　朋友很重要，但不必多。朋友才是你真正的人脈，因為脈是不該有阻塞的障礙。所以一般人的人脈都只是認識的人，不是朋友。

＊＊＊

　　當你推翻著自己原本的思維，你很可能堆砌的竟是錯誤的邏輯。

　　在你還沒被所謂的教育與社會所汙染的時候，你的直覺才是最純淨的自然。

　　當我學了越來越多的知識，穿越了越來越豐盛的資訊，我突然才發覺所謂科學哲學文學醫學邏輯學的各種學說，九成九都是必須被丟棄的垃圾。

學說與定律，是一堆所謂專家妥協的結果，從來不是真理，否則經典如牛頓的運動定律，就不會被愛因斯坦所修正。

過去的邏輯學，應該說現在的邏輯學，根本沒有邏輯。如果那是邏輯，什麼不是邏輯？

現在的科學，只是真相科學的皮毛，書上的哲學還很有打折的空間。文學不該是詩情畫意的自我感覺良好，而是文字裡所蘊藏的智慧。

當你學過了一輪，練過了一圈。你發現了澈底的錯誤，那才是你開竅的起源。你會說，那就根本不必學。

錯了，大錯特錯。進步從來不是驗證原本的正確，而是推翻原來的錯誤。你沒翻閱 1000 本廢物，如何寫出無懈可擊的禮物？

光，如果是愛。

影子，就是光沒有穿透的區塊，

也是愛被阻礙的未來。

影子，是尚未遇見的空間，

不是你的無奈。

看著別人的影子，

約略清楚其動態。

看著自己的影子，

應該體會自己正被愛灌溉。

愛太強烈，影子就會凸顯了黑白。

愛太濃郁，影子就是你喘息的存在。

光，如果是愛。

影子，就是另一種關懷。

愛，如果是光。

那就別讓影子複印著傷害。

沒有誰能成為誰的影子，

那是個體靈魂的自在。

****

網路

真頭像 真姓名

這是「真誠」的態度

複製的文字標註出處

親自撰述的必署上真名

這是「負責」的態度

態度態度

決定了你良善循環的程度

否則網路

即使不是崎嶇偏離之路

也必然永遠形同陌路

✡愛的思維 10

在靈性智慧提升的道路上，

幫助他人成長，是大功德。

阻礙，就是大罪過。

因你成長而喜悅者，才是良師益友。

反之，請遠離。

當你學習，給你鼓勵的，甚至跟進的，

那才是能夠與你同步提升者，才是善緣。

否定，阻擋你學習的，都是向下拉扯的沉淪力量。

****

教你投機的都是損友，

教你投資的也必須告訴你來龍去脈，

保證與合同都是毫無價值的承諾。

投機都是死路，投資都是險路。

你人生的一切，沒誰能為你擔保與負責。

****

成功沒有模式，

成就無法複製。

走在別人的路上，

不會找到你的目標。

想要有不一樣的人生，

就要有不一樣的勇敢。

不談捷徑，不怕彎路。

因為你要的一切，

都會在彎路的轉角，

不期而遇。

你得學習的，

只有各種能力與工夫。

不要只想著考古題。

****

任正非對年輕人說：「要存本事、存人脈，不要存錢。」

這句話 80％是對的。

主要是因為他在事業上是大家所謂的成功，

所以說的都可以感覺好像很有道理。

就像馬雲說的一堆話，還有很多人假馬雲之名說的話，

網路都曾經瘋傳著，現在也還在流淌，

因為人們的價值觀還是在金錢上打轉。

我沒有他們的那種成功，

但在自己的責任與使命上，從來不怕失敗。

並且，我所說的一切會更符合實際的真相與實用性。

人生出來，

就要積蓄，一直到死。

積蓄你的經驗，不管對錯。

積蓄你的能力，不管好壞。

積蓄你的朋友，不管善惡。

積蓄你的資源，不管美醜。

這一切都是可以變成金錢的創造力與影響力。

錢很重要，但絕對不是終極目標。

死的時候，你不會炫耀你還有多少錢，

而是你做了多少你覺得有成就感的事。

還有那多少雖然死了卻依舊活著的思維傳承與邏輯延續。

身軀火化，文字烙心，精神長存。

這才叫文化。

****

洗腦，不是言語文字的疲勞轟炸，

而是環境氛圍行為對於思維的衝擊。

當思維變成了邏輯，就是成功洗腦。

洗腦進入了行為習慣，那就是革心。

洗腦革心如果是被強迫的，那必然會有反彈爆裂的時刻。

因為真正的洗腦必須願意，

真正的革心必須堅定的執行。

****

當你為夢想奮鬥前行，

多一個人覺得你傻而嘲笑你，

你就要為自己笑得更大聲。

為什麼？

因為你又少了一個競爭對手。

****

專注一件事，是用什麼專注？

心腦同步。

而這心腦同步就像過去與未來同時存在於現在。

行進間的一種定，這般的穿透力，令人屏息。

* *

愛，是願起的風。

願，是心起的火。

心，是端起的水。

端，是用那雙手抔起的土。

土裝著水，火燃起了風。

風起雲湧，愛如潮水，

不是你在所以愛，

而是你愛所以你存在，

更是當你不在，愛依舊在。

這才是愛。

* *

愛，是紮紮實實的感受，不是嘰嘰喳喳的唾沫。

愛，是心受，不是眼前的渴望，而是慣性的末端，

揮之不去的火候，不必點燃火種，已然炙熱。

✡療癒邏輯 1

➤ 換個想法 病就沒了

大部分的疾病都是想出來的，當然不含外傷，不含傳染，

所以正確來說，自發性的疾病都跟思想有關。

快樂就沒病嗎？不！平靜才沒病。

沒有平靜不會有平衡，小失衡是疾，大失衡是病。

樂極生悲，你應該聽過。爽死了，也不陌生。

喜樂，都能如此，何況悲傷，何況憤怒，何況驚恐？

所以換個想法，病就沒了。

****

➤ 智慧開了 心就痊癒了

心受傷了，心生病了。真的是在心嗎？是在思維。思維堵塞，不通則病。思維健康，邏輯通暢，那麼就很難有病。

想不通，想不透，想不開。所以心病甚至身體的病，大多都是想出來的。胡思亂想當然沒有脈絡，脈絡不通，當然萬病叢生。

智慧是在心裡領悟出來的，在心裡找到自己叫做悟，而不是繁雜的資訊與知識。資訊有時是困擾，知識有時是煩惱，只有智慧才能照亮心中的黑暗面，打開心中的牢。智慧開了，心就痊癒了。

✡ 療癒邏輯 2

商機這兩個字,特噁心。

危機就是轉機,聽來沒錯,卻都被人用來挖洞給你跳,騙過一票再一票。

你若無心機,就被人編造的天機詆著跑。你若不會洗腦,那就只能等著被洗腦。你若無能鬥爭,那就只會被荒唐的錯誤給鬥垮,何來正義?

商,不是無奸不商。而是在商道的思維裡,以商業之交易,行利益之意義。賺人心,不是賺金錢。

五術,乃天地之助,豈能縱橫貪婪的把自己當牲畜?

做你該做的,得你該得的。做了,得了,都必須感激。別浪費生命在錯誤的泥沼裡,害了別人也害了自己。

∗∗

➤ 謊言

如果謊言可以救一個人,為何要說真話?

如果真話是真的讓人失去希望的話,你何必假裝純真。

我們不難判斷,一句話出口後的結果。**應以善終習菩薩,而非表象論聖賢。**

如果謊言可以說一輩子,說的謊言都美美的做到了,不是真心又何妨。如果一個人說愛你,是騙你的,但他卻騙了你一輩子,讓你一直很幸福,那寧可被騙一輩子。

如果一個人謊言,被你看穿了,你依舊心甘情願被騙。要嘛你真傻,要嘛你真的度量大,若非你大愛,就是真菩薩。

但若謊言是在妖言惑眾、圖謀私利、連環拐詐，

請問你豈能裝傻？

吹牛的，我們幫你引爆，吹噓的，我們紮實反擊，

豈能惡臭瀰漫散天花？

謊言，本身不是對錯，就看你用在啥，

才知你是否真的懂如何說話。

言於荒煙漫草間，唾沫不潤己心田，

傷了元氣造了業，回頭已是海棠淚。

荒漠之中，言綠洲，海市蜃樓暫解渴，就是美麗仙人掌上花。

****

➤ 問題與答案

每一個門口，都是精彩的一頁，這就是問題。

入了這個門，看見竹簡合著，安然放在木桌上，這就是答案。

故曰：答案就在問題裡。從來沒騙你。

✡療癒邏輯 3

➤ 自在與自信

被批評，不介意。

被讚美，不竊喜。

你要的，盡全力。

遇見的，都珍惜。

此乃自在最基本的層級，

做不到，就是騙局。

自信自信，不需要盲目追尋。

信是人言，自己說的話，自己做。

自己做的事，自己說。說到做到，自信已到。

➤ 成長會痛 痛是成長

身體的成長必須細胞分裂，結構擴張，在快速成長的過程裡，一定會有拉伸放大的痛楚。

就像長高時筋骨會有痠痛感。以此類推，心靈的成長，精神上若感覺煎熬，你必須視為理所當然。

➤ 白湯

用水煮開了食物，將其精華溶於水裡，我們稱為湯。

將水純粹煮開，只融入了純然的愛與祝福，我們稱為白湯。

湯是陰陽交會的融合，日月相隔、水火生化，是天地恩賜的美，入口傳唱萬物的滋味。

人間煙火是陽，介水而成湯。湯燙穿腸胃，胃為田下之月，腸乃月旁之陽，是故湯乃寰宇之氣平衡腸胃之陰陽，吸納為軀體之所用。

白湯，無雜氣，純然水火之交融，和諧於心腎，平衡腎水與腎火，勝過甘泉玉露。

白湯，無色無味，入口躍舌尖，顫動百味蕾，生津回甘，無誰之蜜可媲美。

白湯，天地之慈悲，能量之薈萃，可載菩薩眾神之頻率，化那五臟六腑之阻礙，無堅不摧。

一口白湯，穿越千古之冤孽。療癒那無始以來之傷悲。

****

➤ 黑白

白，不是白。黑，並不黑。

陽光是白光，卻是七彩共釀的奉獻。

黑洞大質量，吸納所有的能量，不分正負，真包容。

白是奉獻，黑是包容，是愛的兩種極緻呈現。

****

情緒的宣洩是健康的，

不必太刻意的壓抑。

與大小廁很像，

必須進入衛生間隱蔽處理，

而不是習慣在那大庭廣眾下解放。

✡ 療癒邏輯 4

遇見來不及的事，

要有來得及的心。

用來得及的學習，

減少來不及的悔。

如果什麼都來得及，

無常也太平常。

如果什麼都來不及，

後悔已毫無意義。

* *

沒有石化就沒有科技，也就沒有垃圾，所以垃圾就是科技的副作用。這句話怪怪的。

應該說沒有石化，就沒有不知如何處理的垃圾，也沒有回不去的汙染，也沒有習以為常的科技生活。

這一切的現象，與用西藥治療慢性病的狀態一模一樣。改善了症狀，衍生了新的問題。

* *

當你需要鼓勵需要安慰需要讚美，表示你是空虛的，沒自信的。

當你不願給予上述這一切，那你就是吝嗇的。

但給予若過頭了，矯情了，失當了，你就是愚蠢了。

* *

人們所談的療癒，從來就不是各種醫學上的醫療與治癒，反而是所有醫學的科學裡永遠不會真正探究透澈的靈性層級。

身心靈本來就無法切割，卻又從來沒有誰真正讓這三位一體的生命結構具象分析。

要嘛否定，要嘛胡扯，只在自己的知識經驗範圍內翻攪。醫生做的處理，都是在軀體，常常忽略了心理。於是常常完好了外在，卻忘了早已殘破不堪的內在。

但，誰能療癒你？最好的療癒師，經常只能是自己，不要進入

一波波的騙局。

****

既然不想被忽略，

該做的千萬別省略。

****

這世界最偉大的力量是文字，

文字的變化成就了文化。

人若百年，字數千年。

人必作古，字傳千古。

你的豐功偉業，時過乏人問津。

你的文字力度，死後仍未長眠。

****

不願把自己縮小，

就無法把自己放大。

這不只是心態，

更是彈性。

****

若不讓自己的思維活起來，

必定在別人的邏輯裡死去。

****

若無主動豐盛，

必然被動匱乏。

若不主動存在，

必定被動消失。

****

大部分人之所以困頓不快樂沒方向茫然，只有一個原因。

該想的，不想。不必想的，卻一直在想。

✡ 療癒邏輯 5

人的腦袋很小，能記的不多。

裝的都是垃圾，智慧就進不來了。

人心的記憶體更小，但能累積的卻無限。

在那心中練就成習慣後，直接上傳雲端，不占空間。

****

在非洲草原上，你絆倒了。

一頭栽進大象的糞土，

你抱怨嘶吼著。

但忘記將誤入鼻孔的種子帶回培養，耕耘那奇遇所帶來的領悟。

****

愛因斯坦的腦子裡不放入別人已經寫在書裡的一切，而是想著前人尚未走過的足跡。

別人說的，是別人做的感受，但不是我的結論。所以我不背誦詩詞，除非那是我也認同的自然法則。不必強記，已難忘記。

我的書裡也不會寫著一堆經典與古人所說之言論，只有更加精闢透澈的見解與真正可驗證的方法。這才是承先啟後的進步，而

93

非拾人牙慧。

孔子說：「不孝有三，無後為大。」雖然他沒有託夢給我，但我的驗證他的意思是「沒有學習而超越先賢之行經，那就等同無後起之秀的傳承，此乃大不孝。」

****

加法如果開始讓你困擾，

那就用減法。

乘法如果壓力太大，

那就用除法。

生命是一場數學。

想要清楚萬有引力的真相，

那要微積分。

想要解答各種繁瑣的三角關係，

那就三角函數。

豐盛可以無限大，

慾望可以隨時歸零。

無欲則剛，就是生活藝術的絕對值。

****

喜歡新鮮感，是萬物的本能。

維持具備吸引力而不膩的新鮮感，

唯一的方法就是「學習」。

****

福報是過去良善的種子發芽了

發芽時貪婪的茁壯實乃正常現象

但切忌囂張跋扈吝嗇尖酸刻薄
切莫濫用福報所衍生的能力
否則福報變成惡報的前奏
也是正常

****

不到脆弱時，不知道自己多堅強。
各方面都強大時，反而最危險。

****

奮力不讓別人吃虧者
必定比努力讓自己占便宜者
有福報

****

話是說給聽得懂的人聽的，
字是寫給看得懂的人看的。
其實，所有的表達，不一定要被誰看見聽見。
最重要的是自己要有真知灼見，天地已同步明鑑。

****

你抱怨著，繞了一大圈又回到原點。
你說這一切的努力不就都白廢了嗎？
我說不，這至少證明了原點的清白與遠見，沒有廢。

****

沒有行動的感動，
就是錯失良機的心動，
迎接的是心痛。

****

速度，凝聚而團結前進的程度。

全世界最快的速度是光子，稱為光速。

這是目前所謂科學所能測試的結論。

但事實上，念頭才是最快的，不論多遠，沒有距離。

快是什麼？就是決心。

慢是什麼？就是散漫的心。

你的心，決定你前進的速度。

****

沒誰沒做錯，但不能一直錯。

曾經錯，是經驗的累積。

小錯，領悟，防大錯。

沒誰沒錯過，但不能一直錯過。

錯過再遇，已是來生再碰頭。

難得，已得，別蹉跎。

✡療癒邏輯 6

善良，不是任人宰割的愚蠢。

善良，是良善於中道的思維與行為。

善良，不是無能的退縮，而是維護人性基本平衡的勇敢。

讓好人覺得你比他更好，令其對好之方向不失去信心。

讓壞人覺得你比他更壞，令其心生畏懼而不敢使壞。

善良，不該只是心念，而是付諸行動的遠見。

****

菩薩心腸要能有意義的發揮功能

那就必須擁有菩薩的能力與智慧

****

心是習慣，是感受。

刀捅在心上，刨除舊習慣，體悟新感受，謂之忍。

忍錯了方向，

盡是恨與傷，只是生命的迷茫。

忍對了力道，

忍對了位置，就是革命性的成長。

忍所當忍，勿忍於慌惶，

勿忍於顛倒，勿忍於自我催眠，

勿忍於愚蠢的放縱慾望。

忍是決心，是面對，

是勇敢，不是兇殘。

忍是智慧的手段，是忽略舊感受，建立新習慣的必然。

****

誤會，冤枉，誣衊，栽贓，

都是愚蠢卻自以為聰明者的行為。

遭遇了，你可以視狀況適當選擇你的應對。

1. 忽略，遠離，淡忘。

2. 冷靜，造勢，反擊。

3. 修煉，修煉，修煉。

就是不必解釋澄清與說明。

****

心躁勿言，心煩勿理。

隔離可燃物，阻斷空氣，

燒完了，火就熄了。

環境變了，心就變了。

而這個環境，是包含你自己的所有狀態。

****

很多病，去看醫生，就好了許多。其實醫生並沒有做什麼，所以人們都說「去看醫生」，而不是「去給醫生看」。

所以我都在想，這跟去動物園看長頸鹿、看貓熊差不多。

有沒有好一點，都是自己說的，而不是醫生告訴你的。

所以所有的心因性疾病，都是只要自己思維邏輯正確了，病不是好了，而是根本沒有發生過。

****

別人否定你，是機會。

那就看你爭不爭氣。

你否定你自己，是死會。

死會活標仍是機會。

沒有到不了的目標，

只是到了別發現竟是誤會。

沒有回不去的路，

只是回去時人事全非。

什麼都可以沒有，

　就是不能停止增長智慧。

****

　不求大富，但希望隨時游刃有餘的拔刀相助。

　盼望大家沒有困頓，更期待豐盛的擁有者不會囂張跋扈。

　沒有誰應該被當成奴，那會惹天怒。

　沒有誰應該是人上人而傷人，更沒有誰該是人下人，被當成畜牲踐踏啃食。

　連畜牲都應該被尊重，因為那只是暫時的果報，而非永遠的狀態。別問真的嗎？你真有願，來日必易地而處。

****

　所有人在推廣商品時，

　都是說自己的多棒多棒，別人的多爛多爛。

　我不會，因為我愛面子。

　爛的，我捧不出來。

　太棒、太噁心的實話，我真的說不出口，你可得自己認真試試。

****

　一件事，要嘛不做。

　既然要做，就沒有理由不超越前人。

　既然是超越，就不必擔心後面有無誰趕上，

　而是專注你要的方向。

　只要你總是專注超越剛剛的你，

　那麼你會感激現在的你，提攜與激勵明天的自己。

　當你這麼做了，你會發現，

在你左右的不是競爭者，不是敵人，而是沆瀣一氣的夥伴。

✡療癒邏輯 7

進步，就是推翻自己。

先否定自己，才能肯定自己。

在肯定與否定的不斷交替中，

你就進步了。

但在還沒準備好要推翻自己時，先別否定。

****

人專精於一件事物，那麼就會有口碑了，自然就會傳了。

奇，這個字很特別。

大可，這是就是大家都可以的，只是你不知道。

傳奇，傳奇，只不過是腳踏實地的自然，平凡無奇。

****

有一天你發現自己被騙了，

解決的方式，

就是別再繼續幫助對方欺騙你自己。

****

智慧的臨界點，

不在能力足不足。

本來就知道的答案，

不要永遠給自己藉口，

忽略自己的問題。

那麼你必然是

很自以為聰明的沒有智慧。

****

不要轉述你不懂的古人名人金句，

常常他們進入墳墓裡才發現寫錯了，但來不及爬出來改。

很想託夢給你，又發現自己還沒有能力，在那土裡更顯悲淒。

你說你懂，泥土裡的作者卻說他自己都還不懂。

****

不明而鳴乃虛名，

不鳴而明不瞑銘。

****

所有的安排，都是最好的安排。

這句話是錯的，別再濫傳了。

應該說，所有的安排都是你自己安排的。

所有的發生，都是必然的發生。

不論好的、壞的、悲的、喜的。

已經發生的，別問為什麼是你，也別問為什麼不是你。

尚未發生的，只要你播種耕耘灌溉，必然都是你，也只會是你。

****

念是方向，運是行動。

沒有好方向，何來好行動。

轉念才能轉運，好念方能好運。

****

說話，有一個重點，

講你懂的，懂你講的。

做事，有一個原則，

做你說的，說你做的。

想與懂，不一樣在哪？

想是還沒做，懂是已經做到了。

****

得人心者得天下

私心就要大私

尖酸刻薄都是愚蠢的小私

大私即為大我而私

小私大失而死

大私無失而存

心有多大　天下就有多大

心心相印　無限放大

✡療癒邏輯 8

前世的一切，我不願再想起。

今生的所有，我不想再忘記。

不再進入輪迴裡。

****

很多東西只有在人類中被使用，

因為那是人類本能創造出來的定義。

錢，就是一種人類世界特有的產物。

做什麼用？交換。

交換什麼？交換能量、交換物質、交換能力、交換經驗，

交換人類自己定義出來的擁有。

交換是一個過程，而錢在這個過程扮演的，

就是一個過渡性的臨界物質。

很多人在說環境，

除了大自然的感受性環境，

人們所更應該重視的是人所營造出來的環境，

這是一種能量交疊的氣場。

你想要成為一個什麼樣的人，就把自己丟進什麼環境，

而這個環境不是空間，而是一群人所造就的氣場。

就像各種顏色的大染缸，你想要成為什麼顏色，

置入，浸潤，撈起，陰乾，就是什麼顏色。

****

讓囂張的人謙卑

讓無禮的人規矩

讓脆弱的人勇敢

讓茫然的人看見希望

這是我對菩薩的定義

也是我對自己的期許

****

一位朋友，

定期向我買玫瑰精油，

大約兩個月一瓶。

我說：怎麼用這麼快？

她說：我當身上的香水，也當車子的香水。

我：車子香水，會不會太昂貴？

她神回：就是要給他尊貴，這輛奔馳的保養費從來沒有便宜過。

這句話這些年一直在我腦中迴盪。

尊貴的人果然有尊貴的思維。

什麼都嫌貴，如何將自己顯貴？

****

曾子曰：「用師者王，用友者霸，用徒者亡。」

懂得重用強者如同老師，此乃串連天地人之王者風範。

懂得對待夥伴如親兄弟，才有共患難的情義相挺，可霸。

只愛用聽話照做的奴才之輩，何來真正壯大自己的機會，必亡。

****

念力，是你與時間空間萬物鏈接的作用力。

當你啟動了念力設定，連那昨晚設的鬧鐘還沒響，

你都能自動醒來。

****

給你一個真相，

不是祕密，不是奇蹟。

因為世間沒有祕密，沒有奇蹟。

錢會莫名其妙的走了，

當然也能莫名其妙的回來。

病會莫名其妙的來了，

當然也能莫名其妙的沒了。

這個莫名其妙不是真的莫名其妙，

而是真正到位的「心想事成」。

****

教育教育

教，是清楚簡化的思維邏輯傳承。

育，是日以繼夜不曾放棄的輔導。

訓練訓練

訓，是脈絡清晰的言語領悟。

練，是綿延不絕的熟能生巧。

教育，是知識的灌輸，

陽中藏陰。

訓練，是智慧的領悟，

陰中生陽。

****

睡，只是雙目垂。

醒，猶如醉眼星。

睡時心未死，醒時靈應覺。

睡時未睡，醒時未醒。

盡是自我催眠的美。

****

當孩子需要你

你要開心

享受你的存在感

當孩子已經不需要你

你要歡喜

享受你的成就感

* *

酒，是酉時水，小酌添夜媚。

醉，是酉時卒，不曾長智慧。

酒為藥引經絡催，

中庸適度不傷誰。

但問古今詩人淚，

何人清醒不傷杯。

* *

念，是今天的心。

今天的心站在昨天的心上面。

昨天有昨天的昨天，

今天的心應該很高，很有遠見。

萬念俱灰的原因只有一個，

你沒在心上把自己看見。

✡療癒邏輯 9

大事只有做一半
不如小事不曾停

∗∗∗

拍一張照片，如何凸顯亮化你自己？
就是沒有背景。
人生亦然。

∗∗∗

如果你能把權謀的心思與能力用在幫助，必是大菩薩。
強者，霸者，都值得敬佩。但都不如奉獻者。
福者，德者，都值得學習。但都不如大義大愛犧牲者。
小我，大我，都是我。但都不如無我。

∗∗∗

需要是缺，
想要是無，
必要是無可缺。
需要是被動，
想要是主動，
必要是從來沒有停止行動。
從缺到不缺，
從無到有，
從被動到主動。
當你停不下來的決心出現了，

才是真正的你想要。

只有要不要，

沒有能不能。

這個要，若是心上一把刀的必然，

心想必事成。

****

不要糾結在

公不公平或誰對不起你

無感於所受

才能真正靜心於標的

你必然會發現

當你狀態不一樣了

周遭人事物的態度也不一樣了

別被所謂的在乎

給騙了

****

只有智慧 習性 因果 死不了

其他的都只是暫時陪著你

也可翻譯成

只有 能力 與 業力 死都跟著你

其他都會始亂終棄

所以你必須以此衡量

本末先後 輕重緩急

****

寧可對不起自己的財富

也不要對不起自己身體

這句話有問題

否則就不會有人說

年輕拿健康換錢

老了拿錢換健康

所以健康與財富必須平衡

但寧可沒了財富與身體

也千萬不要對不起靈魂

這才是遠見

＊＊

凡所有象皆是虛幻

咱們卻在踏實的虛幻中前行

以虛造實 以實化虛

所見所聞雖皆虛

不折不扣的影響著心上的實

命運是虛

感受是實

好名好聽好樣貌

好美好香好運到

你要不要？

沒到那個境界

別吹噓

＊＊

網路時代，人人膩得快。

現在流行的，很快沒人愛。

不變的是信念，

轉變的是呈現。

不變的是好品質，

轉變的是更堅持。

****

機會，

從來沒有誰能給你。

遇見時「機」，

與其融合交「會」，

謂之機會。

****

踏出第一步，第二步自然會跟上。

位置立馬不一樣。

****

拓展的拓，就是用手搬開石頭，意思就是使力移除障礙。

但一隻手力量薄弱怎麼辦？那就凝聚團隊增加人手。或者站到石頭上，搖旗吶喊，被更遠的聽見，也看見更遠的地方。

善用你的手，善用你遇見的石頭，你都能拓展你的未來。就是不要光想光說不動手。

✡療癒邏輯 10

最美麗的對話

不是矯情咬文嚼字的詩詞

而是

你不說 我知道你正在說

我沒說 你已經懂

****

聽說，有人說，俗話說，這祕密千萬別說，

都是不負責任的瞎說。

你說了一堆神話鬼話，其實都是謊話，不如認真的說一句人話。

不必高端的語言，不必大上的辭彙，不用引經據典，

說你所做，做你所說，都是共振寰宇發人深省之說。

說到做到，不論誰說，都不如你說。

****

想報答恩情，

那就要發願讓自己靈性提升成為菩薩，

在那幫助的道上積累自己的能量，才有高質量的能力來報答。

而非跟流行說著來生做牛做馬，

那樣的層次太悲情太傻。

****

我們總會看到網路上寫著佛說

其實都是人們自己在說

因為佛說的都在佛經上

請標註佛在何處說

如果你確認了你所說

都是放諸四海皆準的道理

那麼何必假藉佛說

直接署名你所說

除非你懷疑著你自己的思維與心念

那就閉嘴不要道聽塗說

****

靈魂不在身上，卻藏在體內。

這是活著時候的暫時現象。

但我們總看不見、摸不著靈魂的影子。

靈魂是 Soul，同音瘦、受。

瘦身即使不是為了美，

也是為了感受到靈魂。

投資，顧名思義就是投入你的資源，包含你的金錢、時間、精神。然而投資必須考量八個字「輕重緩急本末先後」。無法親自經營的投資，都是賭博。願賭服輸。

****

這世間只有珍不珍惜，

沒有可不可惜。

隨緣就不會攀緣，

攀緣就不是惜緣。

緣於因起，因為果種。

遇見自己往昔播的種，

那就必須悉心灌溉，莫使長壞。

方為惜緣。

****

煩躁，是壞事，也是好事。

壞在容易亂了方向，衝動行事。

好在擁有足夠的氣息，才有能力煩躁。

是故，請感恩這豐沛，靜心重整理。

****

態度，是一種習慣，不易假裝。

不習慣，裝不久，因為那是夢裡也一樣的行為。

即使你現在什麼都不會，只要態度好，什麼都有機會。

你什麼都強，錢成群，屋堆疊，態度很鳥，很快什麼都會沒。

態度是誰都該練的工夫。沒有態度，沒有心。

因為態就是心的能力，度就是心的溫度，心就是習慣，

你的心在哪裡，成就就在那裡。

態度，已說明了一切。

****

文化不是一天養成的

自然永遠不會毀滅的

在自然中釀造文化

在文化中揮灑自然

遇見明天

就是文明

實戰篇

６＋６個經典歷練

李淨潞 李靜 周禛言 林子玲 林妍希 林珈妤 洪家宜 高明琪 彭丹青 葉珈寧 葉睿雯 潘信智

✡毛尖上的心田

文／李淨潞

茶，是生命的滋養，是人類疼惜樹木所獲得的至寶。觀此字，可知茶乃草木之陰陽，平衡於人體。製茶是技術，泡茶是藝術，喝茶是天地合一的養生之術。

唐朝陸羽著茶經，鉅細靡遺的將中國當代名茶一一剖析，豈能漏掉信陽的祕密。在那品茶雅士的心尖，也必有一畝地，留給毛尖養心氣。

細圓光直多白毫，
香氣高爽蕩鼻息，
湯色黃綠仙境萃，
回甘悠遠振朵頤。

在這樣得天獨厚的寶地，擁有靈山養育的恩典，我常常在想，豈能辜負寰宇的厚愛，把我安置在這裡茁壯成長。

即使離開了家鄉，漂向南方發展，不忘毛尖置行囊，在那思鄉之際，用那滾滾真情沖泡一壺毛尖飲。三口入喉，品味那鄉土迴旋的濃郁，都能舒坦疲憊不堪的心靈。

很多人都喜歡談禪，穿著禪袍、聽著禪音、跳著禪舞、畫著禪畫，但只是一步步越來越緊的纏住了自己。把自己早已迷惘的混亂，纏繞成另一種糾纏。這是功利時代的現象，也是追求物欲後

116

的悲歌。

　從鄉村前進都市，奮戰那飄渺的一席之地。想從繁華的紛擾往簡單的清新找，才發現再也回不去。這也是我曾經的思緒，更是很多人共同的症候群。

　在那幽暗的燈光裡，我眺望珠江上閃爍的漁火，腦中浮現一幕幕師父簡短的字句，筆筆鏗鏘有力，擲地有聲，撼動心底。

　禪，是天語開示，簡單自然，何來繁文縟節困自己。
　禪，是一個音一個音的共振，共振過去，共振未來。
　禪，就是大道至簡的生命。

　我砌上一壺茶，放入一匙毛尖，灌入一沸水，品那老子的話語。
　一生二，二生三，三生萬物。

　在那每一口的毛尖上，灌溉我的心田。
　心田裡，蒼翠疊綠，平靜而歡喜，就是我種植的禪茶。
　有緣，一杯敬你。

✡古琴

文／李淨潞

孔子師襄習琴韻
傳唱詩經萬古薰
伯牙子期情流水
共鳴淨潞千年心

琴，是弦樂器，不論撥弄、敲擊、拉扯的各種外力而引發弦的震動，迴盪於空氣，都是琴。

王為玉，玉為石，石為土。木火土金水，土為心，承天意，接地氣。

王王共振在如今，過去未來皆同心，此乃我對琴的定義，而非只把琴當樂器。

古來五弦漢七弦，弦弦皆有弦外音，
吟詩作對伴琴舞，聲聲跌宕振知心。
三尺六寸五年年，上弧下平天地行，
沐浴更衣焚香禮，恭敬迴盪寰宇情。

1920 年為區隔西風東漸的鋼琴，琴被冠上了古字，自此七弦古琴正其名。然而，古並未亡，就像老茶不死，更有餘韻，初苦而末甘。

撥弄古琴之弦，如同振盪五臟六腑，這是典雅的運動，更是靜心的律動。在療癒的世界裡，每一個聲音都撫慰著有名無名的傷痛。

古琴七弦涵蓋了各種音的變化，穿越了角徵宮商羽，順暢了青紅黃白黑，滋養了肝心脾肺腎，用那五行的平衡，翻騰了生命的八度音。

古琴是古老的語言，沒有區域種族的隔閡，沒有文字方言的侷限，勝過肢體動作的粗俗，是一種有聲亦無聲的傳達。不必解釋，不必翻譯，只要靜心聆聽，你會明白我說的話。

古琴不是今生的邂逅，而是前世記憶的重逢，在那指尖琴弦的交錯，早已振盪時空的花火，在那隱約的光線中，再次看到了過去的自己，預見了自己的未來。

生命，在今生是父母的賜予，我感激。靈魂是找不到源頭的自己。古琴的七弦卻讓我重整了七輪，滾動向未來的亮麗。因為在那泛起的音域中，我已看見了自己的使命，用那療癒自己的精神來愛每一個有緣的你。

我把祖先的愛造就了琴，那是李姓傳承的寓意。再把自己的心淨置於弦，在那前往智慧的路上高潮迭起，相知相惜。這就是我，李淨潞的真諦。

✡定位

文／李淨潞

汽車要四輪定位，免得偏移。

人生事業也要定位，免得渾渾噩噩。

身體的五臟六腑也要定位，動靜相宜，才有健康陪伴你。

環肥燕瘦，也是定位，目標設定後，我幫你。

十多年來，在陰陽五行十二經絡貫通的思維邏輯裡，黃帝內經，素問。靈樞的洗滌，易經，難經，脈經的沐浴，我似乎漸漸通透了一些大自然的道理。

將大自然的這些領悟運用在健康與美學，著實無懈可擊。答案都在問題裡，解藥都在身體裡，在身外之物找方法都是緣木求魚。因此我們必須明白所有的外在資源都是助力而非主力。

神農本草經、本草綱目，給了大自然物質運用的方針。西方感染的智慧，我最愛芳香 SPA 這一門，運用植物精油協助補強身體的虛實與陰陽。

導師豈能是令人顛倒的誤人子弟。療癒師豈能自己病入膏肓還想吡詐調理別人的身心靈。

這世界目前最可怕的現象，

就是精神病患扮演醫生，

而你卻把他當成神。

　　這兩年，我一直在摸索自己的最後定位，因為生命有限，時間有限，能力有限，資源有限，所有的一切都有限。我必須確定自己方向與目標，才不會亂槍打鳥還沾沾自喜。

　　在那易經的交流過程中，認識了珈寧導師，然後再認識了師父許宏，我依序用珈寧塔羅、言武門生命靈數、言武門紫微斗數澈底盤點了自己後，釐清了自己真正的定位與未來方針。

　　教育為百年大業，更是我今生的使命。我必須將我的重心陸續轉移，建構自己成為一個全方位的身心靈導師，在言武門與生命之樹教育系統的大團隊中，凝聚更強大的力量幫助更多的有緣人。

不只讓你外在美，也讓你內在美，
繼續讓你靈性美，爾後成就運勢美。
在這樣美的循環裡，
定位出一切都平衡的數大便是美。

　　感恩珈寧導師的善緣，感恩師父的定位，讓我這個紫微坐命的魂魄，開始用愛定位全世界。

✡信陽之光

文／李淨潞

山不在高，有仙則名。水不在深，有龍則靈。依我所見，卻是「**山不在高，有光則名。**」誠信之陽，方得生光。

河南省信陽市光山縣，就是因為北宋司馬光而名聞遐邇。我的故鄉。

陽光、空氣、水是生命的必備條件，
光山，地如其名，人如其實。
有山、有水、有陽光，
在人文的氣息裡渾厚綻放。

司馬光的砸缸救人綿延千里，動魄古今。司馬光的《資治通鑑》智傳全球，光照大地。司馬光的王安石變法之對立，**翻騰朝野**，擇善固執。

即使不一定全對，也奉獻其自己於無憾之價值。功過毀譽就交給歷史去評斷。對我而言，司馬光的光不只是光山之光，更是智慧與愛的光芒，歷久彌新。

我不喜歡調皮搗蛋的嬉戲，所以遇不見玩伴掉進缸。我手無縛雞之力，所以不會拿起石頭砸缸。管它是甕還是缸，人們必須謹慎小心不落入危險的荒涼。若逢愚蠢之行於身旁，隨喜爆破其心房。我不是司馬光，但我全然迴盪著馴馬難追的療癒之光。

師父說我是讀前世書的大家閨秀，琴棋書畫皆典藏，五術熟捻在書房。若說女子無才便是德，寧可才華橫溢越黃河。如果沒有練就一身好技藝，豈能助人於細膩。你砸缸，我針穴，在那當務之急，臨危不亂，打造奇蹟。

荒蕪書香太多午，腸思糾結難成眠，於是我再度重拾書本，在那廣博通今的大學堂。

年輕歲月如白水，反覆咀嚼仍無味，離鄉闖蕩在珠海，回首芳華漸凋萎。

我是光山一道光，何時反照我輝煌。
信陽毛尖千杯茶，再潤枯腸敬天涯。

2019 我澈底盤點了自己，重新定位自己內在的衛星導航，在那遇見恩師的道路上，蒸發淚滴來不及，只能重新滾燙，再次沸騰釀藏太久的淤積。

淨心來時潞，泉湧報鄉里。
我不是司馬光，但我持續在發光。

✡ 與自己戀愛

文／李淨潞

　　三十多年來，我以為的生辰原來都是錯的，所以即使曾經給所謂的專家排盤，全然都是誤會一場的方向。

　　師父用最嚴謹的態度，幫我排了四張盤，然後依照我曾經所有的經歷一一比對，最後找出了我真正的八字。這一刻是我這生中最大的震撼，原來以前算的都不是我的命，更感動著敬佩著師父為人處事的態度。

　　師父說算命是盤點，怕被誤導怕被騙，那就自己學會自己排自己探討，這樣的思維邏輯又是第一次見識到。

　　從命盤裡確實可以一目瞭然看見所有的趨勢與軌跡，算命不是迷信，應該這麼說「**算命必須成為不迷信的哲學科技**」。於是我也認真學習了，雀躍的運用起這樣偉大的工具，幫助迷茫的人們。

　　其實，我從小就很多關卡，好多次都快丟失了性命，好在都在悲慘的狀態逢遇貴人，在那生死存亡關頭把我救起。對於這些幫助，我無限感激。否則我早就成了車下亡魂，水中野鬼。回顧過往，彷如昨日，歷歷在目。

　　我有著與眾不同的際遇，也有著大多數人匪夷所思的邏輯。但我似乎一直沒有非常貼切吻合的走在自己應走的軌道上。原來，我一直在等一個人。等誰？等我自己。

　　這些日子來，我開始署名發短文，將我的領悟有文化的分享出去，不是為了炫耀，而是為了相遇。與誰？與我自己相遇。

我們總想著照顧別人，想著左右別人，想著影響別人，想著幫助別人。但我們不清晰自己，連自己都無法影響左右照顧，如何有能力正確的幫助他人？

聰明，從小到大，我覺得是必須的。智慧，卻從來不認識那是什麼玩意兒。慢慢的歷練了很多事，才發現智慧遠遠比聰明更重要許多。

我很幸運的在平淡的家庭、平淡的婚姻，過著平淡的生活，享受平淡的幸福。卻無法按奈我那對智慧茁壯的渴望，所以我除了工作，都在學習。我想具備更強大愛的能力，難道就要撕心裂肺的愛情？不！就像我在等誰？我希望與誰相遇？我想要深度的談一場刻骨銘心的戀愛。與誰？與我自己。

從來沒有過的療癒感，

這種感覺不曾發生，

那就是愛上我自己。

人生最幸運的

是有良師益友

像溫和的光芒

在你困惑迷茫時

指引你的方向

療癒你的心靈

未來怎能不綻放

我是李淨潞

一路珍惜

✡找到自己

文／李靜

　　找到自己，享受舞臺，成就未來。

　　這應該是我潛意識裡最重要的 12 個字，如同對應著子丑寅卯辰巳午未申酉戌亥，狠狠的吸納著地氣。

　　在擁有超越三千年的鎮江古城長大，我有著不一樣的思維，呼應著一百多萬個旭日與夕陽，穿越著生命的翻騰顛覆與起落。父親給了哥哥飛翔的期許，卻給我了靜心的框架，兄飛，妹靜。

　　但這個名字與鈴星坐命，星座牡羊的我全然違背，於是我總有著改名的念頭。2019 年就為了改名而認識了許宏老師，老師卻告訴我，這個名字特別好，特別適合我，更是我生命裡的功課，一語醍醐已灌頂。

　　李靖是隋唐時期的名將，文武雙全，人稱李衛公，著作有《唐太宗李衛公問對》、《李衛公兵法》、《李靖六軍鏡》。在形音義必有其頻率的原則裡，我，李靜也從小醞釀著大將之風的思維邏輯。

　　為了學習，我從南京到北京，在北京科技職業學院專攻網絡新聞與傳播。很快的自立更生自給自足半工半讀完成學業，像極了大將軍的遠征，期待著凱旋歸來。用我語言以及文字上的優勢馳騁沙場，享受著將在外君命有所不受的快感。

　　卻在此刻，我的君，就是我的母親，賁門癌犇往黃泉，我只能在床尾靜伴母親那最後一口氣的宣洩，淚灑孟婆湯。

　　這一刻，我不只感悟了生命無常，更加體會了人情冷暖與虛假。收起了哀傷，滾燙了堅強，暗自較勁，告訴自己，天會亮，我必輝煌。

　　在汽車網路營銷公司裡擔任網絡編輯鍛鍊文筆，在早教集團裡揮灑口才。2009 至 2019 整整十年，我在北京的房地產公司，從銷售人員成為現場主祕，案場管控。每天帶著數百壯士，責任分配，問題處理，情緒激勵。

　　從雙腳顫抖到得心應手行雲流水，我突然發現我喜歡上了這種舞臺上的震撼與穿透。然而成為了人妻同步扮演了母親的雙重角色，我調整了自己的步伐。

　　就在這個時候，遇見了珈寧老師，結緣了生命之樹，進了言武門。一連串學習了塔羅占卜、生命靈數、紫微斗數，突然發現了自己更大的舞臺，找到了自己更大的價值，在可以幫助很多人的同時，也成就了自己的未來。

　　原來，李靖是將軍，李靜也是。

一武一文領千軍，
一陽一陰震知音。
言語文字共揮灑，
天巫沙漠振駝鈴。

127

✡沸騰的靈魂

文／李靜

城鄉差距不是只在科技上的便利，還有視野上、思維上、習慣上的迴異。都市多了資訊，少了探索；鄉村多了內斂，少了自信。也因為在那農村的氛圍裡，將我那渾然天成的火種，埋藏在那萌發枝椏的土壤裡。

賺錢到廣東，學習到北京。這句話如同大浪瞬間將我推到了北京，將校園與職場的熊熊火炬交織成了我的鳥巢，共振著數千萬北飄人的心，拚搏著人生的水立方。

當你沉靜回溯，你必發現生命是由無數個巧合所堆積，只是看你用什麼樣的態度來面對與迎接。

咱們中國在各方面折服了全世界的開端是在什麼時候？仔細推敲就是 2008 年的北京奧運，2008 年 8 月 8 日，由「李寧」點燃了奧運聖火，那一刻起天地皆明白，龍不再困淺灘，而是飛龍在天的必然。$2 + 8 + 8 + 8 = 26 = 8$，4 個 8 的超級執行力，有如 26 個英文字母，編織成全世界都會看見的符號。

2011 年我也開始了人生第一次的高峰點，隨著中國的起飛，我也開始跟著翻騰，延續著聖火的傳承。由李靜接手李寧的聖火，正是天意般的寧靜致遠。

換了位置換了腦袋，恃寵而驕，驕兵必敗，高峰後必是谷底。有人一蹶不振，而我沉靜八個月後再度翻騰。這一個起落又起的過程讓我真正成長了許多，明白了更多哲理，鍛鍊了更多內涵。

不再只是巧遇天虹的麻雀，不再只是誤闖叢林的綿羊，而是能守能攻的動靜皆宜的羚羊，無懼惡狼。

在易經的每個卦裡都有六個爻，其通例乃「初難知，上易知。二多譽，五多功。三多凶，四多懼。」

而每個人的人生都是一個卦，當你找到你的卦，你就會看到你的卦裡有六個爻，從下到上分成六個階段。明白自己是哪個階段時，就善用那個階段的狀態。

易經六十四卦就是大自然運行的軌跡，就是生命前行的脈絡，不只是占卜的工具，更是目標設定的藍圖。為自己的人生設定一個卦，不是卜一個卦，那麼你就真正能夠理解「盡人事，聽天命」的中庸之道。

如果你是要創業當主子的，那麼乾卦是必然的走向。如果你要當輔佐者，那麼坤卦就是不二的準則，在角色不同時，就要有不同的卦象思維與邏輯。

而我李靜，選擇乾坤並濟的雙軌運行，
從初始之潛龍與履霜，前進飛龍與黃裳。
沸騰我的靈魂，刻繪歷史性的畫板，
榮耀我父，遙祭我娘，輔助我夫，傳承我兒，
為生命點亮每一個希望。

✡只有文字沒有距離

文／李靜

　　網絡編輯是我在大學時代已經開啟的鍛鍊，但那都是廣告語言。

　　我曾經是被文言文打敗的學子，在那熱愛的語文考試裡失了魂魄。文言文精簡的文字陳述，是不浪費竹簡的環保思維。但太過環保，導致很多的文字闡述，太多可以想像的空間，各種解釋都通，含糊不清。

　　寫的人沒交代清楚，讀的人亂猜。即使印在書上，也不代表那是正確的答案。全部用死背死記，那必然打造千百年以訛傳訛的誤解。

　　看著師父每天發的短文，一字字中文的拆解，一句句古文謬誤的翻轉，我震撼，療癒了我學生時期的茫然。從對古文的恐慌到愛不釋手，從對歷史的錯亂到心中坦然，我重新愛上了文字，因為過去不曾真正認識。

　　看著書架上層巒疊翠的書山，又激起了我莫名的興奮感。

　　我開始著每天寫短文的習慣，將各種領悟，從思想灌注於文字，然後流傳。果然日復一日，影響力越發壯大，超越了時空的規範。

　　語言那是短兵相接的廝殺，
　　文字卻是與日俱增的焚化。
　　語言是音律節奏的聲音傳達，
　　練的是餘音繞梁。

文字是扣人心弦的圖畫，
練的是源遠流長。

語言是我命宮的鈴星，響徹雲霄。文字是我的名字，靜靜震盪，桃李天下。君子因書而立，年過三十理應自立。

過去除了職場上的風光，我自許為演講家。
今天，我除了是療癒天使的天巫星，我也是作家。

師父說：我們寫的不是故事，而是思維；我們寫的不是心情，而是邏輯。

在時光飛速的每一天，我們認真耕耘著自己。在文化的福田裡，播著智慧的種子。用那身體力行的感動，傳遞人道至簡的真誠。將經驗，將歷練，刻畫在一篇篇文章裡，一本本書籍中。不留遺憾，只有震撼。

因為我清楚，萬般帶不去，唯有業隨身。我想留下點東西在時光隧道裡，證實我曾經存在的意義。

只有文字，沒有距離。

✡愛在燃燒

文／李靜

2013，三千多人的華美年會場子，燈光忽然暗了，音響出現了聲音。不是庾澄慶，不是齊秦，卻從麥克風傳來了《夜夜夜夜》的旋律：「想問天你在哪裡，我想問問我自己……」

我突然閉上了雙眼，停止了呼吸，只是靜靜的品嚐著從你唇齒間吐納的氣息，像是千年前已然熟悉。我張開了雙眼，望著你，我問自己**莫非是你**？

就是這一夜，蕩然了我愛情世界裡沉睡的音符，照亮了人生接下來的每一夜。是的，就是你。

愛情，不該是衝動的激情，
不該是填補的空虛，
而是互相交融的共振頻率。
在那浩瀚的寰宇遇見你，
我格外珍惜。

才華，是柔軟的點綴。好勝的鬥志，是闖蕩人生的勇氣。然而最讓我欣賞的，卻是真誠不矯情的忠孝節義。這是咱們倆走在一起的關鍵軌跡。愛得自然，愛得願意體恤，愛得彼此諒解，愛得互相打氣。愛你如同愛我自己。

看著你我的結晶，沐浴在那英姿煥發的底氣，我明白了這不只

是我們的選擇，而是天意。

翻開紫微斗數的命盤，
在那 12 宮位的交錯中。
命宮裡，你火星，我鈴星，
陰陽照會，果然是天空裡最亮的撞擊。

在我們共築的世界裡，你就是我的天，我就是你最踏實的棲息地。你是宇宙，我是另一個你，在你閃耀發光時，在那舞臺下靜靜看你，陪你一起呼吸。

喜歡是形容詞，愛是動詞。我愛你的喜歡，你喜歡我的愛。
我的形容詞因為你的動詞而存在。

在那夜夜夜夜的沉澱中，
靜待浩瀚寰宇凱旋歸來。
不待天明，不曾黑漆。
愛在燃燒，生生不息。
這是我今生唯一的情書，為你。

✡樹上的朋友

文／李靜

　　多年的磨練，我從「臺下一條龍，臺上一隻蟲」的狀態，變成了「人少可自嗨，人多更來勁」的自動化導航，飛行在舞臺間的萬頭鑽洞中，享受著影響力爆棚的快感，超越那如同賽車般的競速。

　　我曾在想，越是大場的活動，我應該越能甦醒每一個跳躍的細胞。倘若央視春晚邀請我主持，那麼我也不會覥臉的婉拒。

　　看著大咖歌手的舞臺語言，幾乎已是我信手拈來的本能。

　　非常開心來到烏魯木齊，各位長白山山頂上的朋友，讓我看見你們好嗎？右手借給我，舞動你的自信，讓全世界都能感受我們的熱情……

　　你可能很難明白我的享受，但我非常瞭解我的明白，我喜歡充滿感染力的舞臺。

　　2019 年是我扭轉思維的一年。與其說我喜歡舞臺，應該說我更喜歡講臺。因為當一個表演者是「享受」，當一個教育者是「感受」。

表演，是讓人看見我。
教育，是讓人看見他自己。

享受是暫時的瞬間，感受是長遠的綿延。

很多人用一輩子療癒曾經的傷痛，

而我想用愛感染所有學習者愛。

在那傳遞感受的過程裡，

我療癒了你，也療癒了自己。

十年樹木，百年樹人。走過人生的高峰與低谷，原來我最愛的是教育。我爬上了「生命之樹」，進了「言武門」。如同許宏師父所說：**「言如兵法足以勝萬軍，文似醫藥足以救生命，慎言如妙文，智慧已開門。」**

於是我在這裡繼續充填我的不足，吸納我的養分，將那土壤裡的微量元素，全然流淌在我的血液。

有人問我，現在忙什麼，我會輕輕的回答「種樹」。種什麼樹？生命之樹。用我們的愛，療癒有緣的朋友。用我們的智慧，灌溉每一個靈魂。我們不躁進，不貪婪，一步一腳印。當生命之樹不斷開枝散葉時，就是大地最滿足而欣慰的喜悅。

我不再吶喊「山頂上的朋友」。

只有輕輕的呼喚「樹上的朋友」。

雖然只是一棵樹，卻已連接宇宙萬物。

✡雙語

文／周貞言

周易相傳數千年
貞卜吉凶如天籤
言簡意亥無贅述
邏輯轉念一瞬間

我是全世界最幸福的女孩，三十歲之前都活在父母貼心的安排。各種充沛的資源隨意揮霍，卻忘了盤點自己內外的極限。

2019 年的夏天，一場課澈底扭轉了我的思維，拼湊那早已散落滿地的自信。

爸媽的優秀，給了我很不一樣的胎教，在我三歲那年，爸媽攜手同步前往美國攻讀博士 Ph.D.，直到我七歲，回臺進入其各自領域的運動護理復健醫學的教育界與醫學界。而我從ㄅㄆㄇㄈ開始學起，直到高一繼續前往美國德州就讀高中，於是混雜著中文與英文的兩種邏輯，伴隨著我青少年時期的成長。

高中畢業後，我轉往歐洲瑞士學習飯店餐飲管理，這又是多元語言化的學習空間，坦克式的德文與浪漫主義的法文，衝擊著我的各種念頭。

我突然發現語文與習性文化的密切關係，就像血統與長相似乎也同步干擾著思維，影響著人與人之間的互動。一晃眼，又是四個年頭。在日內瓦實習工作的日子裡，我充分享受著語言所帶來

的人際樂趣。

日內瓦是瑞士第二大城，是在耶穌誕生前就已經建造的古城，近代歷經兩次世界大戰的不沾鍋，卻是最多主要國際組織總部的設置地點。在日內瓦湖畔我靜靜思考著，吹拂著千年來歷史忘記帶走的微風，我有著一種莫名療癒的感動。

永久中立國有很多明確的規範，不是喊中立就能中立，二戰期間一堆聲稱中立的國度都被占領，於是我深深感受「中立必須有實力」。

從飯店管理到服裝設計，至今我進入了美容美體芳香 SPA 的產業，師父告訴我所有的經歷不會有丁點浪費，除非自己搞頹廢。

我開始將原本忽略的能力重新整理，那就是扮演起中文與英文間的靈活橋梁，串接兩種截然不同思維間的邏輯。開始用雙語表達、演講、主持，找到了另一種前所未有的成就感。

夢想不在夢裡，
翻譯不等於原意。
語言的進步也算文化科技，
而我把更多的哲學智慧帶進文字裡。
師父說，這就是 L. Ph. D.
語言哲學博士。

在未來的日子裡，將中華文化精妙處，將美學藝術的極致，在那國際舞臺綻放，就是我三十歲過後生命價值的另一個開啟。

✡公主

文／周貞言

　　靠山吃山，靠海吃海，靠父母不會有任何成就感的累積。公主命只能在未成年享受，因為公主總是會有長大的一天，再奢望著永遠的公主待遇，那就會是嚴重的疾病。

　　回到臺灣的這些年，我陸續脫軌於父母的羽翼，不再遮掩於父母的保護傘，開始接觸現實的曝曬，體會苦民所苦的生活，突然發現溫室裡的花朵果然超級脆弱。

　　我一步步調整著自己，拿掉了皇室般的加冕，卸除了華麗的妝容，剝離了大小姐的脾氣，自貶為庶民，拿起丫鬟的工具，刷洗著自己的習性。彎腰於巷弄，屈身於桌腳，重新崛起。

　　雖然有著美國與瑞士留學的光環，回到自己的家鄉，整個思維邏輯都必須徹底再洗一次牌。因為那一切原本認為的理所當然，都是完全不接地氣的夢幻。早已習慣的專業分工，在這裡卻是一種無能的茫然。

　　我問師父：「一次做一件事，我有把握做很好。但各種技能都必須同時練會，還要出類拔萃，實在疲於奔命，太難了。」

　　師父卻回答我：「你本來就是只做一件事。」

　　我：「不，是很多事。」

　　師父：「你每天吃喝拉撒睡，如果還要自己買菜、做飯、洗碗、丟垃圾、打掃，還要出去工作，你認為這是不是很多事？」

　　我：「是。」

師父：「不，只是一件事，這件事就是生活。」

我深吸一口氣，瞬間茅塞頓開，原來這樣的思維依舊只是公主病的症狀。但若沒有自己親自走過來，那麼這個病永遠不會好。

我們一路把困難的事看得太簡單，於是眼高手低，也總是把簡單的事看得太複雜，於是自設藩籬。終於在與師父簡單的對話中，破解了我長久以來的困惑。

既然自己要從貴族的城堡逃離，想要享受所謂自由的空氣，那麼就必須理解大自然的森林裡充滿了新奇，釋放著芬多精，卻是更隨時危機四伏，到處毒蛇猛獸、魑魅魍魎，更是隨時飄蕩著腐臭的沼氣。

我必須入境隨俗，面對真實的生存遊戲，才有機會找回原始的能力。何況我還帶著城市裡的裝備，參與這場不曾體驗的美麗。

財富自由不是家財萬貫的豐沛，
而是千金散盡還復來的能力。
這是多麼痛的領悟。

你遇見的，你想到的，都是你的料。
沒有調配，料無味。
沒有加溫，料不熟。
放久了，就是廢料。
善用之，都是肥料。
有料沒料，不在預料，只在照料。

✡表達

文／周貞言

表達，這兩個字原本以為我認識，結果是我誤會太久了。

大多數人都會認為自己很會表達，卻只琢磨在自我的表現與傳達，忘了考慮對方的感受，於是造成了誤解，紛亂了初衷，迷茫了結果。包括我。

忘了將溝通當前提，那麼大多數的表達都是錯誤訊息的釋放，不會有你期待的結果，更不會有共識的產生。

表達的標準程序是：1 觀察、2 溝通、3 聆聽、4 陳述、5 締結。

這樣的表達才會是有效的表達，才不會是畫蛇添足的累贅。

我曾經以為我的英語表達力超越了中文，實際上我的兩種語言文字都沒問題，都在水平之上，只是思維邏輯習慣在英語系統的模式。

但真正的問題在我忘了運用表達的標準程序，直接跳到第四項，沒了開頭也沒了結尾，還真是沒頭沒尾。這樣的狀況讓我很是受傷，因為我太容易不經意的就把別人給弄傷了。

這些日子，我檢討著自己，而且是毫不留情的拆解。
因為我真的想把我的語文能力真正用在：
1 生活、2 事業與 3 幫助上面，

讓這難能可貴的蓄積變成超強的助力而非阻力。

　　語文與運動，對我而言都是唾手可得的基本能力，而且已經是一種入了心的習性，就是俗稱的潛意識。師父說這是我目前最強大的武器，而我卻棄之如敝屣，著實可惜。

　　在我鍛鍊了美容美體以及身心靈芳香 SPA 之相關技能的同時，我也在重新整理自己的表達能力。因為我不只想要溝通，更想要教學，尤其是舞臺上發光發熱的演說。

　　臺灣人在舞臺呈現上顯得怯懦與生澀，在外語的學習上太著重於考試與文法的表象。實際上，語文的根本目的本來就是為了溝通，高尚的層次才進入了文化的傳承。這是我所看見的機會，因為別人缺，而我都剛好會。

檢討是一帖良藥，
檢討別人就是毒，檢討自己卻顯奇效。
我用思維邏輯的重建療癒了我自己，
再用語文表達療癒了很多人。
這種幫助的起心動念與行徑，真的很療癒。
所有曾經的發生，都綻放著意義。

✡ 發現自己

文／周貞言

照鏡子就能發現自己嗎？不，鏡子裡的從來不是自己，而是完全相反的另一個你。於是我開始閉上眼睛，練習進入所謂的靜心，這時候的自己才逐漸清晰。

翻開《決戰與決策》這本書，第23頁，正是我發現自己的開始。

言武子曰：觀，非直視所見。應以四對八眼觀之，方為真見。己眼，他眼，外眼，內眼，肉眼，心眼，古眼，今眼。

我試著用了這八眼，證實了一件慘痛的事實，就是過去的我從來不長眼。我掩面痛哭，嘶吼而無聲，幾近全瞎的生存了這麼多年。總覺得別人為何不瞭解我，但我又瞭解誰？連我自己從來都沒有認識自己。

瞬間覺得自己的空洞，驗算了自己的無能。活在錯覺裡，活在自我感覺良好的迷失中，突然從自戀變成了自憐。

生我者父母，再生我者師父。父母給了我呵護備至的保護，師父卻讓我從心發現，發現不曾真正面對的自己。

921大地震二十週年，這一天我在馬來西亞新山，在那陌生的馬來人與華裔交錯的面孔中，我逐漸清晰了自己的輪廓。我用雙語交雜的方式，進行著溝通，整理著客戶的需求。望聞問切他們的渴望，果然有效的幫助到了他們。

這是我們元天大勳集團在馬來西亞旗艦店的開幕活動，也是我將所學的一切在海外真實奉獻的第一次。因為語言的能力，讓所

謂的立足臺灣，前進國際，不再只是夢想。

　至今我還是很吃力的在學習感受，但師父的書總是字字震撼、句句引導！並且每天都有新鮮而到位的各種論述在網路上傳遞，這樣的十年如一日之精神，我也正在揣摩複製中。

　這一切讓我有跡可循的找回那細膩的美好，微妙的感受。每當同頻，或是明白時，心就開了一些，能量就進來一些，勇氣也多一些！

　真心的想說，有師父真好。

　師父不是天上的雲，不是海裡的針，而是這麼活生生的共振著我們的心跳。每當覺得脈搏即將停止時，師父的頻率又是一股振盪，再現了生機。

　師父從來沒有高高在上的架子，沒有裝模作樣的典雅。在師父的面前，我們彷彿是透明的，即使遠在他鄉，還是能夠給予穿越式的溫暖，毫無距離感。

　我沒有拜過師，聽說所有的言武門人都沒有。但我很斗膽的第一次見面就叫「師父」，因為大家都是一樣叫得這麼自然。我想這就是影響力、感染力、穿透力與攝受力吧！

我不再問「我是誰」，
我已經覺得「我是誰都無所謂」，
只奮力的讓自己更有意義的存在，
幫助著世界。

✡運動家精神

文／周貞言

　　龍生龍，鳳生鳳，老鼠生的兒子會打洞。在兩個運動相關學系的大學教授所共同醞釀與孵化的受精卵中，在同頻共振的基礎原則下，胎教的培養中已必然是運動家的精神。

　　爸媽所提供的運動資訊以及資源，絕對是世界第一，最好的環境，最好的教練。三歲就把我丟進游泳池，不只練游泳，更練潛水。於是在水裡面的各種一切，即使水上芭蕾都不是我的難題。我在想，難道要把我當成奧運選手來培養嗎？後來事實證明，並沒有。

　　爸媽的苦心與慣性安排，只是從健康以及運動精神的奠基著手。然而我在小學三年級，已經擁有臺灣女子羽球單打亞軍的傲人成績，師大附中國中部羽球隊，大同高中體育班。

　　想當年，每天一定做的事就是至少揮拍十下，鍛鍊堅持的毅力。打球，控球，精準預測球的落點。對於羽球，我已經有一種球人合一，心羽一氣的狀態。

**　　運動家精神，是堅持，是完成，是奮戰，是接受，是當下。**

　　但我在當年只有運動員的習性，而不是精神，因為我喜歡贏，喜歡超越，不喜歡輸的感覺。當然我相信，大部分的運動員都是這樣的習性，而不是那樣的精神。否則輸了，為何要哭？否則球

員打球就打球，為何要打架？

運動家精神觀察多年，從來沒在比賽場上看見，只是聽見了口號，我一度懷疑這個精神都是騙孩子的謊言。

到了美國學校，我成立了排球隊。我用打羽球的方式打排球、打桌球，果然莫名其妙的成績卓越。除了原理差不多以外，更是異軍突起的逆轉勝，完全不按牌理出牌。

運動讓我自信，運動讓我專注，我很感激爸媽如此細膩的安排。但我更想做的事不是在運動場的比賽，那對我而言是迷惘的堵塞，輸了就是輸了，贏了還是輸了。

我要跟自己的狀態競賽，
跟自己的目標決戰，
即使敗了，原地再站起來。
在自己未來的生命裡，
真正見證那早已風化的運動家精神。

用我打羽球的神乎其技，戰勝我每一個新的挑戰。

✡瓶蓋

文／林子玹

水瓶座是我的星座，但是我似乎對這個星座並沒有認識太久，因為我從來沒有從瓶子裡爬出瓶口，探索這世界真正的遼闊。

水瓶座有著悲催的傳說，因此水瓶座的重點是水而不是瓶。並且這個水是淚水，淡淡的哀愁，濃濃的憋屈純屬正常。

既然水瓶座的靈魂是水，
那麼必須衝出瓶頸，
以天生藝術家的思維而言，
加溫沸騰後破口而出，何來瓶頸？
原來水瓶座的關鍵閘門是瓶蓋，
而非瓶頸。
沒有換腦袋，永遠都障礙。

我曾經在想，我的能力總是扶搖直上，但為何所有的付出所得到的代價都是一場空，一場夢。是我一米七的高度，所以導致血液氧氣到不了大腦嗎？還是那滾燙的血液容易噴發，咎由自取的衝動懲罰？

原來，我錯用了熱情與真誠，在錯的時間、錯的地點，對錯的人事物濫用了真情。跌跌撞撞十多年，該是靜心反思的時刻，在幫助別人之前，先開始澈底幫助自己一回。

　　飾品珠寶健康美容，是這些年來我持續累積的專業，這樣的方向確實沒有走錯路，而是不斷擴張我的視野。而人與人之間的互動，舞臺、講臺上的展現，早已如魚得水。

　　書到用時方恨少，我開始大量閱讀，填補空洞的思維庫存，我開始接受訓練，重建錯亂已久的邏輯。因為我清楚自己若要有翻騰的大躍進，那必須澈底的智慧洗腦，否則就像烏龜翻身，永遠白費力氣。

我沒有水瓶座的悲情思維，

因為我已用那智慧之水置換了原本的淚水，

我也不困頓在自己的寶瓶，隨遇而安隨處美。

　　在言武門 HYBT 芳香 SPA 師證照班的課程裡，我與元天大勳集團所有的夥伴，共同鍛鍊了不曾想過的工夫。明白了中西醫的邏輯，學會了藥物的判斷，學會了虹膜檢測，最特別的是，我也會把脈了。通透了所有大自然的植物靈魂，明白了植物精油真正的使命。

　　我打開了我的瓶蓋，我突然發現，水瓶裡我裝的是我自己調配的精油，共振我靈魂的水，呼應老子所言「**上善若水**」。

✡書

文／林子玹

書中自有黃金屋，書中自有顏如玉。於是我從看書、讀書、寫書到出書。不是在找黃金屋，也不是在找顏如玉，因為我就是顏如玉，更是黃金屋。

2019 亞馬遜雨林、澳洲雨林、阿拉斯加森林大火，這三把火一燒就是幾個月，停不了，燒不盡。燒得氣候混亂，燒得人心惶惶，更是把書籍最原始的原料給毀之殆盡。

林，是我的姓。我不知緣起，但深明大義，森林必是我祖先的發源地。子孫不可不肖，必得知書達禮，專注於內斂，琢磨於功底，方能如璞玉神祕而亮麗。玹，乃玉石，拋光而炫目。故名林子玹。

我，何止顏如玉，名也如玉，心靈皆如玉。
在書籍沉浸的歲月裡，
我洗滌著思維，重建著邏輯，
把經典之脈絡刻畫在我每一個細胞裡。

學歷對於我而言毫無意義，
但學力卻是我終生鍛鍊的痕跡。
言之有物，行之有方，
不令此生空忙，不讓芳華迷惘。

讀書，是怕輸。

寫書，為了傳述。

傳達正確之理念，宣揚利眾之方法。

於是我閨房堆疊懸掛的寶物，不是衣服，不是裝飾，不是化妝品，而是書。

白，不是白。

黑，並不黑。陽光是白光，

卻是七彩共釀的奉獻。

黑洞大質量，吸納所有的能量，

不分正負，真包容。

白是奉獻，黑是包容，

是愛的兩種極緻呈現。

不論白天黑夜，書是最我忠實的伴侶，不會給我倒垃圾，不會感染負能量，而是為我撫慰，為我療傷，幫我充電，助我靜心，給予方向，陪我醞釀迎戰下一場生命必然的挑戰。

✡情字這條路

文／林子玹

　　重感情，是我與生俱來無可救藥的病。不論是親情、愛情、友情對待萬物之情，在我的靈魂裡都是如此刻骨銘心，一點也馬虎不了。

　　曾經我在想，這是愛嗎？愛到昏頭轉向，愛到昏天暗地，愛到一無所有，愛到不知道自己是誰，愛到出賣了靈魂，愛到憂鬱茫然，愛到想為自己哀悼，愛到生無可戀，愛到想重新投胎。情字這條路，一直是我翻騰不了的泥沼。

　　青春洋溢總容易恣意妄為，血氣方剛必然衝動行事，自己受傷還是為著愛人舔拭傷口，卻忘了回頭望望我已血流成河，在那自詡真誠的浪潮中載浮載沉。

　　在半夢半醒間的虛幻裡，我漂流到了一個荒島，萬念俱灰的享受著半刻的寂寥。眼前浮現溫柔的聲調，說他能給我暖暖的懷抱，療癒我千年重創的哀嚎。日出日落，我看不見世界的另一角，自我催眠在那暫時的依靠，誰知這是醞釀著另一個波濤。

　　我逃，我逃，繼續逃。但我自以為是菩薩，卻在坎坷的水裡融化了衣角，才發現自己必須先把自己照顧好。

　　眼前的一幕讓我頓然醒悟。我看見一個醫生在治療著心靈受創的精神患者，初來挺好，越來越糟糕，最後才發現醫生竟是病患扮演而捏造。

　　病人如果能把病人給治好，那麼何來醫生的重要。而我一路走

來，不是遇見犯人就是廢人，想要療傷時更是遇見了病人。

　我一路希望遇到對的人，潛意識卻只希望別再出現錯的人，於是招來的都是看起來不錯卻是很不對的人。

　終於，在言武門思維邏輯的洗滌中，我重新刷洗了我的腦細胞，重新認識我自己。在《決戰與決策》的這本書，我用那精湛的九個步驟再度徹底梳理了我的邏輯。真正當一個牙牙學語的孩子，真正認識愛的本質。原來，我的愛不是愛，而是一種錯亂的在乎感激與關懷。

　不要因為看透了誰而失落。

　你應該喜悅，因為你治好了你的「**選擇性暫時失明**」。

　有，不在身上，而是如同月兒扛著光，太陽星星都照亮。

　沒有並不是真的無，而是被無腦淹沒了有。

　有與沒有的差異，只差一點點。

　一個，擠不出來。一個，停不下來。

林中蒼茫一赤子
玹玉拋光不愚痴

　在情感的路上，我不再迷惘，

　因為我什麼都有，不曾缺憾。

　更在那「幫助」的路上，踏實了情感。

✡錢在哪裡

文／林子玹

錢很重要，於是我從小就懂得賺錢，存錢，再賺錢，再存錢。每存完了一筆，就莫名其妙的被幫忙給花掉了。

從小被催眠著說，錢不能亂花，所以都是別人拿去花。錢要花在刀口上，於是曾經的一筆積蓄，果然就拿去花在切除甲狀腺的手術刀上。

人家說沒文化真可怕，我覺得沒常識更可怕。而一路自由媒體的假真假理假仁假義，更是混淆了我們所有的思維，進入了社會早已糜爛的錯覺，循環著無奈的邏輯。

我喜歡讀書，但不喜歡上學，這是從小環境奠定的氛圍。我喜歡錢，累積多年確實賺過很多錢，但總在盤點庫存時，空空如也。因為一路走來，我都用錢買情買義買感覺。

有一部新加坡電影叫做《錢不夠用》，這部電影網路上流傳多年，我也反覆看了數次，每一次都有不一樣的感覺。其實，錢永遠都不會夠用，卻也永遠都不缺。

錢是什麼？錢是奮戰拚搏的報償，
錢是汗水淚水血水交織的畫板，
錢是滿足大多數慾望的跳板，
錢是各種交換能力的門檻。

　　既然錢這麼好用，為何帶來的不是幸福而是傷？為何帶來的不是方向而是迷惘？於是我重新拆解錢的定義，不再把自己捆綁。

錢，

是用金屬打造的武器，

為了迎戰自己的夢想。

錢越多，夢越長。

一寸長，一寸強，錢毋庸置疑是力量。

錢，

同音前，

於是如同生命不能回頭望，只能向前探。

錢，

無法在那生生世世背上扛，

於是我將其轉換為能力，

烙在我的潛意識，學習各種能耐，鍛鍊各種工夫，

讓我有愛與幫助的力量，療癒一路走來的傷。

錢，

存在哪裡，都可能瞬間付之一炬。

只有存在福報與智慧，隨時善用都可提取。

✡壓力

文／林子玹

話說「**壓力是成長的動力**」，這句話一點也沒錯。於是我為了成長，給了自己過了頭的壓力，大到身體都抗議。

自我要求的習慣，總讓每一件事到我的手上都得盡善盡美，這種慣性又要不著痕跡的呈現，笑容可掬的面對，真是魔鬼訓練般的苛求。

第一次的震撼教育，就是國中畢業後的甲狀腺亢進，打工積存的十萬元，一刀瞬間不見。那一刻我在想，我賺錢的目的就是為了把自己弄病，再拿辛苦的積蓄治病嗎？

壓力乃萬病之源，而這壓力的緣起，
卻也並非只是對現況的承接，
而是無始以來累積的創傷記憶堆疊而成的壓力。

在學習健康產業的這些年，我主體是透過物質帶給肉體上的補給與協助，從來沒有想過真正的問題點是來自壓力所造成的各種連鎖效應。

在虹膜檢測的過程中，我看見了眼睛裡的壓力環，幾乎是十萬大軍圍城的攻略，還好我已懂得運用植物的精油釋放那冰凍三尺之寒霜。

若問我的夢想是什麼，其實我的夢想很平凡，那就是在運用自

己所學幫助人的同時，我想環遊世界。這樣的過程會讓我澈底的放鬆，釋然我的壓力。

把壓力在飛行的過程中拋諸腦後，
在不同的土地上狠狠的踩在腳下，
不再帶回家。

大家超流行的一句話「好療癒哦」，其實是在療癒什麼？看一個畫面，吃一個美食，喊著毫無邏輯的這句話。到底是療癒什麼？

我來正確翻譯一下，他們是在說「**好紓壓**」。

過去，我都在想，我究竟「喜歡幫助人」的這句話是口號嗎？我該幫助誰？用什麼來幫助？我愛的人，我又拿什麼來愛？對我好的，我也一定要對他好。也因為如此，我給了自己太多太大的壓力。

而今我終於明白了，幫助除了要有心念，要有能力，更要有恰到好處的資源與工具。沒有這一切，幫助就反而成為了自己莫名的壓力。

我是 HYBT 芳香 SPA 師，我有著各種超乎你想像的能力與工具，幫助你，不只是我的願意，更是我的實力。

✡ 自信

文／林妍希

當我一動筆寫下這兩個字，眼淚早已不聽使喚。

不是哀傷，不是痛楚，而是百感交集的莫名感動。因為自信這兩個字，早在國中時期已經蕩然無存。渾渾噩噩好多年，就像一個飄蕩的靈魂，而今再次相遇，我得好好重新認識認識。

國一，我被蚊子叮在小腿，不疑有他。誰知上課一半地上一灘血，同學驚叫，才發現原來這堆膿血來自我的腿。送到醫院後，醫生說了一句：「蜂窩性組織炎，怎麼這麼嚴重才來看？」

從這天起，我足足兩年的時間，每天都要到醫院報到。電視新聞恰巧播放著「蜂窩性組織炎，有一個截肢了，有一個往生了」。我每天自我催眠的恐嚇著自己，究竟我會是哪個？還是我自我了斷算了？因為每一次的清創，沒有麻藥，根本就是酷刑。

原來冤獄就是這樣發生的，嚴刑拷打，毫無關係的路人甲也可以被冤枉成重刑犯。痛苦難熬啊！

一折騰兩年多，國中時期就這樣過了。自信，究竟是什麼？我不認識，太陌生了。曾經恰北北的大姊頭，瞬間沉默了。我像是憂鬱，像是躁鬱，像是自閉，像是被魑魅附了身，什麼都像，就是不像一個還有希望活著的人。

很想掙扎，很想反擊，很想豁出去，
但我連敵人是誰都不知道。

體育老師赦免了我所有的活動，提供其自製的草本配方幫我處理，我非常感恩。最後究竟怎麼好的，誰也不知道。但所有的每一個細微的幫助與關懷，我都無比感恩。

我不喜歡被可憐的感覺，所以我一路自立自強，並且我希望讓自己有著各種能力，幫助我可以幫助的人。

大學畢業後，我最長的時間竟然就是在中醫診所當助理，與我所學國際企業經營似乎毫無關係。莫非這是冥冥中的安排，我竟然能在莊陽生物科技所開辦的「芳香 SPA 師」課程裡學習了相關知識，甚至練就了把脈的能力。

在能力的建構之後，
我初次感受到真正可以幫助有緣人的興奮與感動。
再度重逢了「自信」。

這本書是 2019 年被許宏師父肯定後的第一本書，我必須很雀躍的向各位報告，這是我最喜悅的一天，因為我把我的自信魂找回來了。

林立障礙阻於前，
妍陽普照不曾見，
希望重燃智慧火，
自信閃耀每一天。

✡邊緣

文／林妍希

自殺究竟是勇敢還是懦弱？

在一開始有這樣的想法，都是懦弱的；

在進行這樣的行為時，都是脆弱的。

需要安撫、療癒、愛。

「耳邊又傳來陣陣呼喊的聲音，我只聽到彼此無言的嘆息。」這是薛岳的《機場》，卻是我大三時期足足半年的困窘。

大家都叫我去給醫生看，還照了核磁共振，看看是否長了什麼東西，否則為何會有幻聽？最後結論並沒有因此消失。連到正氣凜然的廟宇，或者汙穢骯髒的廁所，這個聲音還是無法平息，訴說著我哪也逃不了。可見其怨念的深沉。

終於，五姊夫的阿公願意拯救，透過特殊的儀式與溝通，化解了這個問題。我深深感激，也真誠懺悔，因為過去世究竟造了什麼孽，我真的忘記了。

這一段經歷，看了你應該已經毛骨悚然，但這是整整一學期的煎熬，無時無刻，只要醒著。大家以為我精神病，誰知那是真實的一切。

身邊有太多親朋好友選擇自己結束了生命，還上了報紙頭條。我思考著，他們究竟是自己的思維運作，還是外力靈性的被牽引。答案看來應該都有，此乃孤掌難鳴。

為何寫這些？因為我不希望悲劇再發生了。在空中張老師每年
輔導一萬多名求助者的狀況中，臺灣每年還是三千多人自殺，意
思就是每天平均十位，如果媒體每天報導，反而會更影響大家的
思緒。但我們確實也不能掩耳盜鈴，請多一點耐心聆聽你周邊家
人與好友的聲音。別以為他們嘴癢，別說他們很煩，因為他們真
的病了，不論是身心靈哪裡病了，都可能莫名的結束自己生命。
不要等到事情發生了，才說早知道。

不是黑社會才叫邊緣人，
是身心靈生病而錯亂的人都是邊緣人。
邊緣人都是在一種臨界點的狀態，
不是向上提升，就是向下沉淪。

我正奮鬥著學習各種工夫，整理我自己的能力與思維邏輯，希
望在關鍵時刻都能給予臨門一腳，回到沒有遺憾的方向。

不論叢林多少人，
妍續所有人的希望，就是我的志業，
因為我就是邊緣多少年，此刻已重生的林妍希。

✡七仙女

文／林妍希

我們一家都是善良的人，除了爸爸是將軍，一屋子都女兵。烽火 18 年到我才喊停。大姊大我 18 歲，我是最小的么女，排行六。那標題為何七仙女？因為媽媽也是女的。

爸爸彪悍、兇猛，像極了大將軍張飛，當然特質也完整的複製。從小帶著天命，都會有神明藉其身軀傳達訊息，卻不幫外人辦事。而我的曾經三次劫難，都被其清晰道出，一一驗證，由不得不信。嚴肅之神情，判若天將。鐵了心堅了意，剛正耿直，諱名鉄意。

懷念父親猛爆型的獅子吼，但卻鐵漢柔情似水流，好長的一段日子，都是爸爸親自下廚為我準備便當，即使他的身子已經不行了，他也準時的將便當交給我。這是七仙女中，唯一的最幸福。如同八卦所言，么女就是兌卦，讓他最喜悅的一個，只是一切只能在記憶裡回味。

媽媽今年已 71，雖然沒辦法再為我生一個妹妹了，但我已幸運的擁有 5 個姊姊，最重要的還有我最可愛的媽媽。

當然五個都是我的最愛，只是伸出來確實不一樣粗，也不一樣長。

最粗的大拇指就是我的大姊，姊代父職，很是辛苦，是我最尊敬的姊姊。

最長的是中指，就是我的三姊，最貼心，最同頻，最謹慎小心，最義無反顧，是我最好的朋友，也是我凡事想要分享的第一人。

在我已經是黑白的歲月裡，如果沒有你，步步都是慘白的痕跡。感恩你，我的姊姊。

當你達成了你的目標，其實你不會因此開心太久，因為你必須尋找下一個目標。

當你排除了你的障礙，其實你也不會因此輕鬆太久，因為你必然遇見下一個障礙。

當你活在目標，你必然容易開心。
當你專注障礙，你必然持續痛苦。
開心與痛苦，通常不是你真實的感受，
只是你的思維與習慣。

七仙女從天而降，各有各的功課，各領各的結局。各有各的思維邏輯，但不變的是咱們血濃於水的情誼，感恩今生有你。

我無法唱謝金燕的叫我姐姐。

因為姊姊是你，我只能唱姊姊我愛你。

希望有一天，妹妹我有點小成就，希望我們能夠共享那掌聲響起，敬我們天上的父。

✡ SHERO

文／林妍希

徘徊在生死邊緣的我，無意間看見了《棋靈王》的漫畫卡通，描述一位小學六年級的進藤光，從爺爺的倉庫發現了古老棋盤，看見了血跡，進而被千年前的圍棋高手所附身，從一無所知變成神乎其技的故事。

為了瞭解故事的發展，我竟然只是為了這件事繼續活了下來。看到這裡，可能你會覺得是笑話，但真的是《棋靈王》激勵了我，延續了那早衰的風燭殘年，這是千禧年時期的故事了。

然而上述如同《西遊記》，是個虛擬的場景。在同一個時期，有一個女子團體靠著比賽而躍上螢幕，成為了家喻戶曉的天團。誰？她們是誰？她們就是 SHE。要說她們是我的偶像，不如說 SHE 就是我的療癒天使。真實的歷練，真實的呈現，陪伴我翻騰人生的煎熬，給了我繼續活下去的勇氣。

她們的專輯我每一張都有，CD 唱盤裡永遠播放的只有她們的聲音，連在那看書準備考試的時光中，都是陪伴我奮戰的底氣。或許她們無心插柳，但那柳絮已然蕩漾在我的潛意識裡，尤其是當年帶著陽剛味的 Ella，就是我心中不變的女英雄 SHERO。

參加了她們三次簽唱會，握住 Ella 的雙手，那一股能量直達心底，無法形容的激動，千言萬語只化成三個字「謝謝你」。

回首這些年，我活了下來，再尋回自信的日子裡，並不是不再有打擊。只是比起那生無可戀的歲月，我只跟自己比賽，希望戰

勝曾經懦弱的自己，成為生命中自己的 SHERO，而不是纏綿在
那恆常的虛弱。

高中我主修日語，大學我專攻國際企業管理，但我至今依舊埋
沒在臺灣島嶼。我沒有要環遊世界，並不想踏足太多地方。卻希
望真正不再不務正業，把所學奉獻在未來的光陰。

盤點了自己之後，我發現太多藏在我智慧倉庫裡的寶藏，只是
我忘了使用。我不期待被高手附身，只奮力找回自己散落一地的
靈魂碎片，腳踏實地一步步拼湊起。

往昔所造諸惡業，皆由無始貪瞋痴。從身語意之所生，而今我
心皆懺悔。

我可能欠了很多人，可能傷了大家很深，但請給我時間給我機
會，讓我鍛鍊我自己，順利的償還給你。

無腦的曾經，對不起。

連本帶利，謝謝你。

我沒有任何印象做錯了什麼，

可能是孟婆湯太犀利。

但我不會裝傻的逃離，

因為我清楚沒誰逃得了因果的反擊。

幫助，已經不是我懺悔的口號，

而是償還一切罪孽後，我使命的繼續。

✡平凡

文／林妍希

　　張宇唱著《回頭太難》，李宗盛唱著《凡人歌》，我只覺得平凡真難。

　　你一定在想，平凡就是平凡，有什麼難？

難在踏實的安於平凡，

不好高鶩遠，

不換了位子換了腦袋，

不在虛榮的名利中追逐，

不在擁有浮華之後迅速腐化，

更不在歷經考驗艱困的過程中喪失了道心。

太難。

　　我沒有超越巔峰的慾望，沒有閃亮奪目的野心，我只希望我不是世界的負擔，只希望不汙穢了扛起我的肩膀，只希望牽著我手的人能夠感受溫暖，只希望每一個遇見我的人都能向正面發展，快樂而健康。

　　紫微斗數裡，天機坐命，對宮巨門。師父說我的人生就是要用我異於常人的腦袋，用我不一樣的口才，真誠而有智慧的幫助自己也幫助別人。如此甚好。

平凡是我的終極目標，
因為我不希望沉淪，也不想要突兀。
在平凡的路上，才能遇見陸地上的生物，
不潛在水裡，不漂在空中。

我的平凡，不是平庸而煩惱，不是屏障而繁瑣，而是平靜的揚
帆，在那順應風的方向，前進該去的地方。

預見是寰宇天地的知會，
遇見是奮戰前行的交會，
當你能夠遇見你的預見，
那就是感恩萬物的智慧。

夢想夢想，不要只是夢，不要只是想，那麼就是只有做一半，
比沒做還慘。無法堅持到最後，別談夢想。

而我的夢想，除了平凡還是平凡。
對於曾經支離破碎的身心靈而言，
平凡已經非凡。
超越平凡的一切，
不是不敢想，不是無法想，
而是我真的不想。

✡老師

文／林珈妤

這一天是我第一次見到我的父親，但他已經是靈堂上的照片。

我雙手合十，對著照片自我介紹：爸爸您好，我是您的女兒。來不及與您一起看東方的旭日，但祝福您恆享西方的夕陽。

媽媽、繼父、兩個同父同母的哥哥、一個異父同母的弟弟，這些都算是我的家人，但我們都不熟，有點陌生。我感謝母親，在那略顯複雜的狀態中撫養我長大。

家人住臺中，我卻在新竹外婆家念小學，直到六年級下才回臺中，高中就讀新竹女中，最後流浪到淡水，落腳於淡江大學英國文學系，開始了真正自立更生的日子。

在這些心靈空虛的成長歲月裡，我最好的朋友就是書籍。被離婚的孩子，在鄉下總會有一堆沒有智商、沒有愛的同學瞧不起，所以我用成績與霸氣征服了他們，捍衛正義，豈能讓家暴與無腦的霸凌在我的求學生涯中交替輪迴。

說來運氣很好，第一位班導讓我感受到屋簷下的陽光與愛，雖然只是多一點點的鼓勵與獎賞，卻讓我全身的血液都沸騰了。很自然的牽引著好勝心，迎接了緊鑼密鼓的豐盛對待。為了這一切，兩年都是第一名。最愛的戰利品，就是累積起來的 12 本書，第一本就是《南丁格爾》。

如果不是傅美惠老師菩薩般的態度與溫度，以及細膩用心的程度，不會有我今天如此正面的思維邏輯與璀璨人生。這是我永遠

不會忘記的名字，因為您，救贖了踏在邊緣的靈魂。感恩已不足以形容對您的敬意，那是勝過母愛的即時雨。老師，謝謝您！

　　從那一刻起，我決定成為南丁格爾精神般的老師。老師雖然不是護士，卻是護士般的老師，撫慰著所有看不見的脆弱，激發著每一個天才般的潛能。

　　老師教育我們要尊師重道，於是我尊重所有的老師，在求學的每個階段，因果循環的一路上的恩師都是貴人。

　　在這個看似師道不復存的時代，老師似乎只是個職業，而我不只當志業，更是終身信守奉行的使命。於是我不在學校八股的框架裡，而是在補教界填補社會經常被忽略的破洞。

　　我給自己取了個英文名 Zoe。

　　在數字學裡 Zoe = 865 = 19 = 1

　　8 是執行力，6 是愛、是療癒、是影響力，5 是決心與改變，1是大腦，9 是夢想、是奉獻，就是在如此執行愛與療癒的改變教育中，奉獻了自己，也找回了自己。

　　而「老師」這兩個字，讓我更找到了生命存在的意義。

Zoe is love.

Zoe is help.

Zoe is change.

Zoe is a teacher.

Zoe is me.

✡使命

文／林珈妤

細品許宏老師 2015 年的雙語著作《大商的味道》與《Big in Business》，滿滿的感動。書裡闡述著大商的思維必須有兩意，一個是利益，一個是意義，而利益是為了支撐意義。

當一個老師只需要思考教育，當一個班主任卻必須鉅細靡遺的面面俱到，才能讓教育系統健全的延續。「學利文理補習班」是一個教育體，是一個實現孩子夢想的基地，我們不是學店，而是用愛與療癒的思維邏輯，打造每一個奇蹟。

沒有教不會的孩子，只有還沒找到的方法。當孩子尚未開竅，卻很努力，我們會共同找出問題然後解決；當孩子沒有學習的熱情，我們會使出十八般武藝，使命必達燃燒孩子的願意。

我學中醫多年，考了十年。盡人事，聽天命。真的是如此，中醫的一切，我只差證照了。如果我考上了中醫，我應該不可能再有時間專注於孩子的教育，或許這就是天意。

所以我把所有療癒病患身體的精力，全然投注在教育孩子的能力，用那「**上工治未病**」的原則，而非頭痛醫頭、腳痛醫腳的思維來辦教育。我想，在所有補教界，我不是眾多之一，而是肯定的唯一。

我們當然希望口碑相傳，才能幫助更多的孩子。但我們更清楚，這一切都必須循序漸進，同頻共振，我們自己對自己的態度

很感動，對很多的發生很受傷，但依舊不改其志。我們寧可當傻子默默耕耘，也不願用那小聰明急功近利。因為我們的名字叫「學利」，所做所為都只希望對學生有利。如果沒有強烈的使命感，沒誰幹得下去。

免費輔導，不是行銷口號，
因為教育不能用行銷邏輯。
不能是套路，不能是模式，
不能是騙學生騙家長騙自己的無腦騙局。

我每天早出晚歸，在補習班當校長、當老師、當工友、當警衛，當孩子的媽媽、姊姊、朋友。

我感恩一路上所有幫助過我的老師，沒欠我，卻如此善待我，提攜我，如果生命中沒了這些貴人，我可能已是廢人。

孩子，我不是你們的家人與親人，
但我願意成為你們的貴人。
如同燈塔與羅盤，給你們明確的方向，
在那關鍵時刻，踹上臨門一腳。
為什麼？
因為我希望，今天我幫助你。
明天你可以有能力幫助別人。
讓愛的傳遞永不止息。

✡莎士比亞

文／林珈妤

　　我歷練了不可思議的不幸，於是才有了機會迎接更不可思議的幸運。

I have experienced incredible misfortunes, so I have the opportunity to meet even more incredible luck.

　　這是 William Shakespeare 莎士比亞偉大的人生結束多年後，他的學生 Zoe 所寫的。Zoe 默默無名，卻浸潤在莎翁般的劇情，更渴望延續莎翁的影響力，穿越時空的藩籬。Zoe is me.

　　莎士比亞是這位傳奇人物威廉的姓，不是他的名。不辱所生，光宗耀祖。然而 Shakespeare 的 Shake 是抖動，spear 是矛，e 是改變，是戰爭，是勇氣。於是莎士比亞整體而言，就是抖動你的武器，奮戰你的人生。

　　莎士比亞（1564-1616），短短 52 年的光景，創造了至今已四百多年的影響力，38 部劇重複的供後人傳唱與玩味，不論是風起雲湧的《凱撒大帝》，浪漫的《仲夏夜之夢》，還有無人不知的《羅密歐與茱麗葉》，我都在細膩咀嚼與消化學習。

　　在淡江念書時，我幸運的與一位富家千金學姐住一起，用最廉價的租金入住她母親所購買的房子，享受著家人般的溫暖。誰知好景不常，學姐被男友下了恐怖的符咒，騙財騙色，精神錯亂。

其母親四處求助，高人指點應找出那藏匿的三張符咒，請去大廟拜託神明處理。伯母與我點著香前往行天宮，但此刻已晚，我戰戰兢兢的捧著到了行天宮門外，害怕宮門已關，身上又沒火可點燃，只用香的餘燼大喊了一聲：「觀世音菩薩，靠你了」。符咒瞬間燃起，抖落了我全身的雞皮，輾轉告一段落這令人憤怒惹人哀憐的故事。

從這一刻起，我更堅信舉頭三尺有神明，因果循環永不虛，切莫造次。也因此在多年後我遇見了情傷，我能忍痛咬牙穿越。

在我奮鬥著補教志業時，難免疲憊，難免匱乏。
大貴人卻又從天而降給了我一個大禮，
無所求的幫助，讓我再次的感受愛的穿透力，
療癒那無始以來的創傷記憶。
我不貪婪，但歡喜。我謝天，謝地，謝謝你。

不惑之年，漸漸智慧也在開啟。一杯杯咖啡，一捂捂真誠，所有的遇見都可以是貴人。人說交友滿天下，知心能幾人，我卻必須告訴你，我 Zoe 走到哪裡，都有貴人。

敬人者，人恆敬之。
貴人者，人恆貴之。
別問我的名，我叫 Zoe。
真誠相待，始終如一。

✡愛情

文／林珈妤

　　愛情是什麼？莎士比亞說了很多，這是英國文學的重點必修。但愛情在每個人的生命裡，所演繹的狀態與定義千奇百怪，對我而言當然有所期待，但曾經也是痛不欲生的傷害。

　　在中醫學習的路上，我幸運的又遇見了好老師，深受呵護與寵愛，讓中醫文化與智慧在我的靈魂裡生生不息，彷彿也在呼應著我英文教學生涯的十二經絡，奇經八脈，任督二脈，在每個阿是穴上無比暢快。這樣的啟蒙與灌溉，我感恩。

　　十年前邂逅了一位中醫師，進而共同扶持共同打拚，為他從什麼都沒有，奮鬥到什麼都有，從幻想的願景，成就了無比的豐碩。或許人在翻騰時，腦子就會錯亂，性情與人格也會產生巨大的變化。七年之癢在婚紗攝影後猛烈爆發，八點檔的爛劇情全然搬上了我的人生。我的青春、我的全部心力瞬間泡沫，只因為他說「她有錢，妳沒有」。

　　這種豬狗不如的話，竟然可以從懸壺濟世的中醫師口中吐出。那不只是傷心，更是憤怒的絕望，甚至玉石俱焚的念想已然爬在預知未來的虹膜上。幾個正常人可以壓抑得住這種情緒？面對如此噁心的衣冠禽獸，應該讓他在醫學界繼續殘害忠良嗎？

　　我徘徊在最危險、最即將沉淪的邊緣地帶，錯了一步，不是監獄，就是地獄。我痛哭失聲，壓抑著無明的翻攪，在菩薩面前跪拜懺悔檢討，這是否就是我往昔所造諸惡業的果報？

在佛堂裡拜到昏倒，拜到睡著。已忘記了多少個日子，我不知什麼是醒著，什麼麼是睡著。一句句的經文，有如一刀刀的剖心，那一句「凡所有相皆是虛妄」響徹雲霄。

我選擇放下，放手，也放過我自己。淡忘這慘不忍睹的遇見，不入監獄，也不下地獄。風乾眼淚，靜置傷口，自己療癒。

There is nothing either good or bad, but thinking makes it so.

這句是莎士比亞眾多名句中，我最愛的一句，但是大多書上的翻譯沒翻好，玷汙了莎翁的典雅。

應該這麼翻：「**世事無常，是福是禍，只看你怎麼想。**」

我不會矯情的說感謝曾經傷害我的人，但我很誠懇的感謝我自己，在傷害還沒醞釀成更大的摧毀時順勢逃離。因為我相信，沒有當初他愚蠢式的殘忍，就沒有我谷底反擊的閃耀人生。

同樣身為女人，我語重心長的奉勸所有盲目於愛情的女人。

夢想的成就，不一定能吸引浪漫的愛情，但犧牲了前途，愛情更難忠貞。

千萬不要為了愛情，

放棄了你可以掌握的金錢。

因為金錢可以滋養愛情，

也能粉飾你的吸引力。

金錢，就是資源，就是力量。

很粗俗，卻很真誠。

✡學歷學力學利

文／林珈妤

臺灣的教育，算是普及了孔老夫子的有教無類，但因材施教卻越走越遠。教改越改越亂，讓莘莘學子們迷茫在那學海無涯。

學歷容易了，學力變弱了，完全沒了學利。學歷是學習的經歷，但現代只剩文憑，不一定有任何意義。學力是主動學習的能力，在問題裡找到答案，但我們的孩子卻慢慢的喪失了這個能力。學習當然是為了求知，但若學了半天毫無競爭力，那就是完全背道而馳了學利。

學歷是表象，就像女人的妝容，即使擁有再美的內涵，外型邋遢不堪入目，那麼什麼機會都沒有。

學力是隨時倍增競爭力的學習能力，這是最需要學習的一門工夫。

學利是實質的回饋，讓所有人在學習的時候，就清楚明白這一切未來如何利益自己，也才能進而利益企業、社會、國家、民族。

學習的本質觀念很重要，如果讓孩子知道為何要學習，那麼他們就會主動求知。如果只是告訴他們成績不好，我就修理你，那麼叛逆在中學這個時期可以預期。

因為學校給予的不足，才有補教業生存的空間。補，就是為了更充實、更有戰力，而不是只是補個安心、補個安親。

在教育系統二十多年來，我從來沒有省略三觀的建立，世界觀、價值觀、人生觀，當三觀完整建構後，孩子自己會清楚他要的方

向，然後為自己的目標而奮戰。

我是英文老師，我用世界觀燃燒英文美語的價值，將中文與英文練好，我們已能暢通地球 2/3 以上的陸地，這是世界觀。

我是補習班的負責人，我用培植臺灣競爭力的思維，填補每一個缺愛的空虛，讓學校與家庭的不足在這一次補齊。讓困難者，有機會學習；讓勇猛者，有方法突破。免費輔導不是我的傻，而是我義無反顧的愛，這是我的價值觀。

我是曾經迷茫的邊緣人，我能真正感同身受那種種的無奈與不得已，但我用堅毅的精神走過了滄桑與泥濘，用我的生命故事引導孩子正確的人生觀。

我將我的生命奉獻在教育，而種種成效的反作用力正陸續回襲。在我的教育體系，當然不只英文，還有文理平衡的必須，每一個老師都是無懈可擊。

而我也繼續以身作則，在實際的需求裡填補我的能力。

2019 年 10 月 25 日臺灣光復節，我北上學習言武門易數塔羅。老師問了一句現在班上幾個同學，我說 78。老師笑了，塔羅牌就是 78 張牌。

學利文理補習班，就在天意與團隊共同的努力中，聚集了共襄盛舉的生命力。我們用三觀「**世界觀、價值觀、人生觀**」強大了三強鼎力「**學歷、學力、學利**」。

選擇學利，享受勝利。

✡薑蒜邏輯

文／洪家宜

　　咱們家有七仙女，我就是老么第七個，而我就是八卦裡的兌卦，凡事說到做到的兌現，最能說、最能分析的那個，也是最能令父親喜悅的開心果。

　　在生命靈數裡，恰巧又是七號人，確實回首來時路，我就是最幸運的女孩。七，也是思考，也是分析。即使擺在我面前的事實，我依然默默思考。太多事，寶寶都懂，只是寶寶不說。

　　爸爸用薑蒜的生意養活了全家大小，雖然很土，卻也最接地氣。我從小就愛笑，不是不會哭，只是哭不必讓誰知道。

　　快樂，是一種習性。

　　即使什麼都沒有，還是可以很快樂。

　　不快樂，是一種慣性。

　　即使什麼都有了，你還是不會快樂。

　　容易快樂，就不容易不快樂。

　　快不快樂，不是你擁有什麼，

　　而是你的能力，選擇的能力。

　　沒誰能幫你。

　　所以，我用快樂排擠我的不快樂，用那笑容淹沒了傷悲。

　　最感恩的人，不用多說，就是我爸媽，一個如薑，一個若蒜。

　　薑是往地底探究的堅持，吸納大地的精華，飽滿的地氣，穩健而不突兀，如太極般，孕育著陰陽。

蒜原產於帕米爾高原與天山，張騫出使西域帶回了中原，爾後大約三百年前輾轉落腳於臺灣，生根於雲林嘉義。媽媽周寶，果然有如中原周遭之寶蒜頭。用那渾厚的氣息掌控著全家的生機，調節著整體的免疫系統。

薑是將，蒜是相。爸爸是將，媽媽是相，出將入相，鐵血般的教育，給了我們不被擊敗的思維，也給了我們正確為人處事的邏輯。當年是苦，而今甘甜。

洪流萬里明珠現，

周全珍寶樂滿園，

家門同聚七賢慶，

宜興一壺愛綿延。

小學二年級，爸爸與朋友在客廳談事情，六姊與我在旁嬉鬧，客人說：「孩子這樣，怎麼談？」於是父親要我們進房寫功課。姊姊將房門鎖上，我向父親討鑰匙，隨即換來這輩子唯一的一巴掌，補上一句：**「不要在不對的時間做不對的事情。」**

這一巴掌中斷了我足足一個月的熱情，被那洪水般的熱淚弄糊的作業本，至今仍在腦海裡揮之不去，或許這就是創傷記憶。但父親卻是我生命動力源流中永遠的明珠，照耀我倉皇時的燈塔。

是的，不要在不對的時間做不對的事情，這句話影像了我一輩子。雖然心痛，雖然委屈，但也因為如此，我學會了「長眼」。

何時要「將就」，何時能「講究」。

何時要「裝蒜」，何時要「精算」。

我感恩爸媽一路來的教育訓練，給了我一生受用，可以出將入相的「薑蒜邏輯」。

✡第六元素

文／洪家宜

　　不一樣，有時並不是一件快樂的事。看看別人的手，再看看自己的，曾經這是我最自卑的源頭。

　　小學時，年幼無知的同學總會補上一句「好特別喔」。我早已厭惡了這種特別的感覺，回答著各種不一樣的問題，卻一樣很是疲憊。

　　這世界平均五百個人就有一個多指症，這是先天遺傳與後天突變的綜合結果。但為什麼很少看見？因為如此這般的特異，令人害羞，所以本能的都藏了起來。

　　傳說中第三隻眼，曾經是智慧生物的必然，只是後來退化被隱藏，在那腦子裡的松果體。難道多指症也是人類原本的自然，只是在少部分人的身上保留了下來？

　　三十多年來，我想了不下千次，想要除去這個累贅，卻在各種講法中持續阻撓著我的決心，而繼續維持現狀，因為那連接著我的身心靈，確實是我的骨肉，不是多餘。我們太在乎別人的看法，所以做錯了很多選擇，事實上那是自己被催眠的思維邏輯。

　　左吸右放是生物能量學的基本原則，左手吸電子，右手放電子。我的第六指是在左手的拇指旁，有骨頭，有關節，真誠而有力道。有如左手握著宇宙訊息的連接器，將那無限可能的能量流灌注入我的軀體。而這第六指所涵蓋的意義正是「**愛、療癒、影響力**」，我給了他一個很特別的名字「**第六元素——療癒之指**」。

公元前 610 年，春秋五霸楚莊王得了第三個公主「妙善公主」，爾後楚莊王得了怪病，時已出家的妙善為了救父，寧可捨去她的一手一眼，反而得到了千手千眼，這是天地的感動，令其可以救贖更多的眾生。難道這樣的擁有，也是畸形？也是病？如果是，那我也願意。

大學畢業前，我就通過了美容乙級，在那年代並不容易。畢業第三天就有了很正式的工作，一做就是五年。結婚生了兒子，我決定創業，因為我知道我的使命，就是在以身心靈為紮實基礎的美容業，將自己的所有專長發揮到極致，幫助所有需要幫助的有緣人。

我不廣告，也不推銷，
全然的口碑式延伸。
我不是菩薩，只有樸實的揮灑，
在那左六右五的雙手中，
將寰宇之愛傳遞，奮戰與服務我的無懈可擊。

我是身心靈芳香 SPA 師洪家宜，我的特別不在「**第六元素——療癒之指**」，而在那專業誠懇的技術與態度，感恩相遇。

✡武則天

文／洪家宜

看到武則天，我第一個想到媽媽。這不是汙衊，而是讚美，因為中國五千年只有這麼一位一統江山的女皇帝。她不是他，而一切都她說了算，果然算等同蒜。在薑蒜邏輯裡，爸爸想要輝煌的薑薑薑薑，對於夫人的決策，只能點頭如搗蒜，這真是圓滿的夫妻之道。

比起我的媽媽，我只能算是虎媽，還在森林裡練功學習。對於三個孩子，應該說三個兒子，我不得不建構我自己的教育模式。而這教育，不是呵護，不是寵溺，而是大自然法則的放下。

我的教育不是武則天，而是無遮天，
意思就是不違逆天地大義的大自然之生存法則。

生得了兒身，生不了兒心，但在成長的過程，我必須給予正確的觀念，磨練其對自己負責的思緒。

於是這幾年，我們幾乎每週六、日就是全家前往大自然無遮天的露營家庭日。小孩放風，大人聊天。孩子也會將學校書本裡的知識拿來實際與真相對照，才不會有西瓜長在樹上、天牛好比水牛的笑話。

露營必須有裝備，紮營必須有分配，我們不是要蓋蒙古包，也不是要孩子野外求生，逐水草而居，而是要在面對大自然的同時，

學會保護自己，學會互動相處，學會團隊合作。學會獨立，學會面對，學會遇見問題的勇敢與解決問題的邏輯。

讓孩子發現，原來所有的理所當然都那麼不容易，讓孩子願意將原本的不容易透過磨練而變得容易。

在無遮天的訓練中，
讓學校的學習更有意義，
承天意，接地氣，
而非只是為了考試而已。

大家族的生活模式，孩子在長輩的寵愛中當然幸福，但不一定在能力與智慧上有所長進。身為母親的我，不得不在可以溝通的每一次機會裡，給予孩子正確的觀念，以及培養不偏離中道的習性。

抱著孩子，是愛，永遠抱著孩子卻是傷害。我只能告訴孩子，當你困惑有問題有麻煩時，試著用盡所有你能解決的方法，然後再來告訴我你的心得。真的沒法子了，還有媽媽在。

有一天，你會明白，媽媽的愛永遠在。
但若沒有放下，你們永遠不會長大。

✡芳香聊法

文／洪家宜

在臺灣，我們看到了所謂的民主，就是誆騙了選民，然後自己作主。我們看到了法律，就是既得利益者有著自己的做法，操弄著自己的定律。沒犯行的，百般刁難；有真罪的，完美脫身。並沒有真正展現所謂自由民主與法律的價值，只是貪婪者的玩弄工具。

多年前，熏臍療法在美容沙龍風起雲湧，中醫師說那是中醫師的專長，美容師沒這個能力，不能做。然後熏臍之火瞬間熄滅，卻也沒看到哪位中醫師願意幫求診者用這項服務。推拿與按摩的法令也是，矯情的各種限制，有法令支持者不做，沒法令背書者不能做。

這些類似的問題太多了，所以才要醫藥分業，因為醫師在藥物上的知識與能力差藥師太遙遠了，但人性的貪婪並不會因為他是醫師就消失。

藥食同源，這是真相，這是真理，但咱們的法令充分著愚民的策略，任何食物不能宣稱療效，真的很好笑。說著什麼食物有什麼什麼好，都是違法的。然後醫生可以為藥物品牌代言，說他保證，說藥有效，卻沒有告訴大家副作用是什麼。

這是善良的「守法」嗎？不，這都只是撈錢的「手法」。

看著許宏老師 2006 年的《美容一瞬間》、2016 年的《美麗傳奇》，我無比震撼。因為這社會講官話的人多，講真話做真事的

人少。鏗鏘有力的字字句句，只因為許宏老師的無欲則剛。確實，美容藝術，不是手術。醫美的竄起與席捲，淹沒了所有的美容沙龍。醫生們撈過界了，但只怪美容師們太弱勢了，沙龍在這些年已成了沙漠。

上網搜尋「芳香療法」，你可以買到難以計數的書籍，這些從歐美傳來的智慧，有一天也會納入高收入的醫生之大餅。為何他們在這麼多年來不動手，因為對他們而言太麻煩，投資報酬率太慢，沒有辦法在幾秒鐘就解決一項掛號。

看著醫療系統的亂象，有時我很憤怒，有時也很感傷，但我卻繼續用著「薑蒜邏輯」推展我的志業。

既然芳香 SPA 是大自然的禮讚，是天地的恩典，那麼我們不談任何敏感的字眼，什麼植物有什麼功能，書局的書上、網路的火焰裡都有。

我們可以聊聊它們的氣味，聊聊它們的歷史與未來。因為精油是植物的靈魂，而且是正能量的靈魂。聞到它們的氣味，就能共振其能量，在熏吸抹按泡的儀式感中，不談療效，深深感悟，會心一笑。

薑，對身體有什麼好，全世界都知道，難道有誰對薑的美好感受，也能裝蒜嗎？

薑蒜如此，所有的植物精油皆如此，
我們有緣一起，品味品味，好好聊聊，就能擁有美好人生。
我洪家宜的芳香聊法，歡迎你「加一」。

✡ 遇見 預見

文／洪家宜

2012 年我想創業，開設自己的芳香 SPA 館，在曲折離奇的過程中頂下了這間店，莫名其妙的付了錢，莫名其妙的扛起了原老闆的債務。她收了一堆包卡金，店我接了，我服務。我找她講道理，她冷冷的輕輕的回了一句：「那是你的事。」

她也算是我的朋友，在那一刻，朋友這兩個字真的好諷刺。原來傳言中的 2012 世界末日是真的，只是用那對人性失望透頂的模式發生在我的身上。接下來的幾個月，我每天上班下班，都是用我眼睛自然流淌的精華液洗臉，奢侈至極。

但這樣的痛苦，只能自己承擔，因為這是我的選擇，雖然是錯誤的選擇，還是我的選擇。只要見到客人、見到家人，我就是一張亮眼明眸的笑臉，因為這是我的選擇。

是的，這是慘痛的遇見。但，我相信會熬過去的，我必須用我自己的良心終止這間店的惡性循環，這就是為何我**不廣告、不包卡、不推銷**，三不的緣起。己所不欲勿施於人，我不能用那病態的行銷思維加諸在我的客人。我希望每一位遇見我真誠服務的貴賓，都能預見她們美好的未來。**臉蛋美了、心情美了、運勢也美了，這是我給客人的三美。**

在這三不加三美的實際堅持中，煎熬了兩個年頭，我的店已經平穩的成長，這一刻我才覺得開始對得起自己的選擇。而這一路

的辛苦，更堅定不移了我的志向，幫助著有緣人，也幫助著自己。
一晃眼，七年過了。

吃虧就是占便宜，有些深奧。
但即使我被人占了便宜，我也不能讓別人吃虧。
就是這樣的心念，我感受到了來自四面八方的助力，
貴人湧現，小人退卻。

所有的發生都是最好的發生，太過漂浮，但不論什麼發生，我
即使沒有得到，至少已經學到。

服務來自專業，熱忱來自態度，我感恩不了傷害我的人，但我
絕不傷害我感恩的人。我珍惜每一個美好的遇見，讓彼此都能預
見感恩的願景。

遇見，必須是動詞，
才能是主動的幸運，
而不是被動的被挑剔。
機會，必須是動詞，
才能主動的與之交會，
而不是被動的被拋棄。
我遇見，於是我預見。

✡愛是我的功課

文／高明琪

1968.5.4 ＝ 33 ＝ 6 金牛 O 型，獨缺 2、7，身心靈平衡的 6 號人，而且兩個 6。於是我清楚明白，愛是我今生責無旁貸的功課。打斷腿骨仍奔跑，拿掉子宮更重生。

爸爸是湖南沅江人，排行老大，家中開當鋪。當年帶著他的妹妹去長沙治療眼疾，十萬青年十萬軍的時代，爸爸被抓去當兵了。這種莫名其妙的安排，爸爸不願意，當然找機會逃兵，當然也很快就被抓去關了。

輾轉來到了臺灣，進了染紗廠工作。當時染紗的技師都是日本人，某天日本技師要回國，卻沒有傳承技術，爸爸當下告訴染紗廠老闆，他會日本技師的染紗技術，原來爸爸就在日本技師調配染料的過程中，天賦異稟的在旁觀摩就學會了，從此一躍成為染紗廠的高級技師。

爾後，父親在當時的臺北縣泰山鄉開起了染紗工廠，迅速致富。我有三個哥哥和一個弟弟，身為獨女的我，受盡父母親的寵愛，過著猶如公主般奢華的生活。原本以為就這樣過著公主般快樂的生活長大，但接下來發生事情的轉折，神話很快的變成了夢話。

16 歲高一那年，家中疼愛我的三哥騎車被砂石車碾過而慘死。

17 歲高二暑假時，爸爸檢查出罹患肝癌，兩個哥哥正在當兵，弟弟在讀高一，一個月後來不及交待後事就病逝了，此後家道中落。

19 歲高中畢業第二年，媽媽不堪生活負荷而中風癱瘓，第五年最終也撒手離我而去。

八年間失去了三位至親，我從公主變成了痛失主公，從要什麼有什麼變成了什麼都沒有。

接下來的坎坷，暫時省略三萬字。從天堂掉到地獄，天壤之別的境遇，我常哭著問老天為什麼？是誰說所有的安排都是最好的安排？敢不敢站出來！

我無法接受這樣的安排，但也只能接受。很難適應，也只能持續自我調適，因為我知道誰都有笑不出來的時候。

身無分文，我到臺北後火車站批發飾品店當店員，在整理貨架的過程，不只一次悲從中來、潸然淚下。我突然覺醒了，只會銷售不算是專長，只有一技之長才能被銷售加寬加長變成真正的長。

就因為這樣的念想，於是眼前出現了機會，我參與了當時臺灣美容界的龍頭自然美的招募，為前進內地做準備，過關斬將被錄取已實屬不易。從訓練結束實習到派往內地只剩我一人，這樣的堅定與決心，置之死地而後生如同浴火鳳凰燃起了熊熊烈火。

我人生谷底的第一位貴人，

就是美容業界無人不知無人不曉的蔡燕萍博士。

就在這樣的機緣中，

翻攪翻越翻騰了我的人生，

無限感激。

　　從什麼都不會，不單成為了專業美容講師，舉凡行銷企劃、營運管理、商品設計、人力資源管理、企業統籌規劃，從無到有、一呼百諾的高級經理人及講師。

　　三次的痛失親人，三次的超越障礙，我鍛鍊了看淡生死漠視艱難的習性，扛起了責任，開始了釋放愛的人生，建構影響力在那人生地不熟的每一個角落。

　　在那一個我最需要愛的年代，愛我的人都變成天上的星星。在我可以掌握的時代，我想要幫助每一個我所愛的，在那無常的絕望中真正靠自己的力量，善用所有可能的資源，重新站起來，成為無限延伸的 666。

爸媽很高明的把我生了出來，

而我很踏實的、沉穩的下著每一個我能下的棋。

我不當女皇，

但在每一個出奇不意間，

我都是王。

我是高明琪，

陪你打造自己的傳奇人生。

☆愛不是用說的

文／高明琪

　　國小五年級升六年級的暑假返校日回校打掃，同學用插著鐵釘的木棍在玩鬧中打中我的小腿，當場血流如注送醫急救後，學校通知家長領回。

　　爸爸一句話也沒說，也沒有責怪的表情，眼裡只有不捨心疼的眼神，默默的用那渾厚溫暖的雙手揹起了我，一步一步沈穩的揹著我回家。父背猶如山，此時此景深深印在我腦海裡。此刻我忘了疼痛，靜靜的享受著父親無聲愛的傳遞。

**　　如同一捆白皙的布紗，**
**　　瞬間被染上了溫暖的色彩，**
**　　滋潤著滿滿的愛。**

　　幽默感、表達力，在那個年代應該不是我家沒有，而是家家戶戶都很難找到這樣的東西。為什麼？因為學校沒教、市場不賣，電視劇裡也看不到這樣的素材。

　　但，我感恩著這個返校日，感恩同學腦殘的插曲，感恩這天地細膩的安排，我突然發現表達力的呈現不是只在文字言語，更在肢體神情每一個溫度與力道的變化。

　　曾經我以為我沒有愛，別人的的爸爸是太陽，我的爸爸是猩猩。

不！我的爸爸是星星，只有在深夜裡惺忪的眼睛，才能窺見星星閃爍的光明。

　那是我不夠用心，那是我誤會了眼前的風景，原來爸爸的愛從來不在嘴上，而在其行動中釋放。

星星不是小，而是遠。

當星星近了，肯定比太陽刺眼。

　曾經我家的星星離我好近，耀眼而溫暖著我幼小的心靈。而今已經距離好遠好遠，臺北的天空已看不見我家的星星。那不是星星跑走了，而是霧霾的遮掩。

　但我依稀能夠感受那一年揹起我的雙手，仍然傳遞著溫度，托起我的身軀向前行。

✡錯誤的期待

文／高明琪

　　自然就是美，這是蔡燕萍老師的名言。在那自然美系統翻騰的日子裡，我還記得 1992 那一年，我 25 歲派駐上海總公司，毫無經營管理、領導統御經驗的我，講臺下 60 人，我被指派上臺完成教育訓練。蔡老師問我：「你可以嗎？」

**　　原來，這才是訓練。**
**　　在戰場上磨槍，在危險中歷練，在殘酷中生存。**
**　　原來自然就是現實，**
**　　原來自然就是勇敢面對，**
**　　原來自然就是必須挑戰，**
**　　原來在那大自然的進化論裡，**
**　　為了生存而奮鬥就是真正的「自然就是美」。**

　　歷經數年北京、上海、廣州三大城市的各種磨練，我在美容產業已經把自己鍛燒成變形女金剛了。但我還是想回臺北落地生根，於是向公司申請回臺開店。

　　開店不到一年，我懷孕了，接連一女一男，應是人生另一個美好的開端，但我得了妊娠毒血症、產後憂鬱症，除了自己的孩子，外加二哥的兩個孩子。在家十年，我突然失去了方向，困惑了人生，瘋狂購物，以為療癒。誰知開始負債，信用破產，賣掉房子。

　　從自己夢想的公主命，無可救藥的轉成了公主病。抱怨著夫婿對我的不夠貼心，不夠愛我，氣到子宮出血，斷斷續續血流不止數年，最後拿掉了子宮。

　　我在自己寫的劇本裡安排各種角色，自己也當演員，我自認為自己是最佳女主角，老公順理成章必須是最佳男主角。他的表現，我很不滿意。然後，我幾乎氣死了自己。

　　事實上，老公已是第一名的老公，只是我真的病了。在一連串荒腔走板的劇情裡，老公依舊淡定的飾演著他自己，沒有脫序。

　　在我迷茫暴躁錯亂胡為的過程中，他沒有責怪，沒有家暴，沒有遠離，沒有出軌，沒有任何不良嗜好，如同開封府裡的御前帶刀侍衛展昭，靜靜的守著。

　　拿掉子宮，我內觀我自己，我怎麼了？我靜靜的思考，我感恩一切的發生。

　　如果父親是星星，老公就是一盞燈，讓我不至於在黑漆漆的夜裡迷失了自己。星星太遠了，燈卻不曾離我遠去，我豈能自己把他吹熄？在錯誤的期待中，我感恩你，感恩你的愛不曾把我遺棄，自始至終守護在我身邊當我的光明燈！

　　太陽尚未燃燒殆盡，不會停止釋放，因為他知道這是命。與其當成宿命，不如轉念為使命。心念不一樣，態度不一樣。

　　月亮不會拒絕陽光，因為她知道吸納才有被看見的希望。與其無奈承受，不如快樂反饋。思維不一樣，感受不一樣。

太陽與月亮，就是萬物皆然的陰陽。

我消妳長，我柔你剛，未來共創。

✡温暖的綠洲

文／高明琪

經歷了破產風暴後，人在特別脆弱時，必然也最空虛。在永遠填不滿的心靈深谷裡找出路，利用人性的缺口敲響了斂財的羅盤，入會十幾萬，窮者更窮了。

也在這個時候，我遇見打著「愛與療癒」為口號的生技公司，我以為我看到了曙光，原來卻是往另一個地獄鑽的方向，邁向萬劫不復的深淵。

生技公司有如詐騙集團的首腦，我豈能為虎作倀？這時候我明白了，詐騙集團之所以能騙到你，就是讓一切比真的還像真的。然後運用人性貪婪與脆弱，編織成陰陽交錯的網，不但自己入網，還幫忙成為共犯。認清事實後，我毅然決然的選擇離開，不讓自己繼續在地獄的門口徘徊，尋找光明的大道。

輾轉數年後，我來到「山如北斗城似鎖」之美稱的溫州，我便愛上了這個海岸城市。

因為這裡的風土民情、人文與小吃，像極了另一個臺灣。善良、熱情、直率、禮貌、乾淨，有著濃烈的文化底蘊，在那優雅的談吐之中悠綻放。

天雷勾動地火，陳碧女士，報社的記者，頻率對上，千里也能徜徉。陳碧女士不想繼承鞋廠家業，便與我攜手共闖蕩江湖。「曾夢想仗劍走天涯，看一看世間的繁華」。

在那千客云線上商城鋪陳了春天，在那商學院建構傳承技藝的

殿堂。而今又再聯結元天大勳集團的超級講師團隊，溫州益顯溫暖。

元啟健康美學業
天時地利轉乾坤
集團創建新世紀

陳碧女士雖然年輕，卻是我生命中繼蔡老師之後的第二個重要貴人。濃郁的真情洽若廣陳皮，誠摯的相待更如碧綠的川河大地。

陳年釀果開滿堂
碧玉亮麗千客云
大鵬展翅行萬軍
運勢高昂轉乾坤

人生的道路如此坎坷，我益發堅強，而在一路支持我的，就是「堅持」的信念。不論是自然美奇蹟式的歷練，還是行走在異鄉的艱難，我始終堅信兵來將擋水來土掩，柳暗花明又一村的心態，都是因為「堅持」。

一路荊棘密布，荒漠乾涸，而我就像沙漠駱駝，卻在這人文聖地尋到了溫暖的綠洲。我倍極珍惜，把這當成了我的另一個家鄉。在這療癒，在這奉獻，在這鍛鍊愛的能力。

感恩，溫州。

✡鳳凰齊飛

文／高明琪

沒有人喜歡遇見小人，大家都愛逢貴人。但在大自然的因果定律裡，不先成為別人的貴人，何時能再見故人。

做的人，不一定懂了什麼。
懂的人，不一定能做什麼。
不懂而做，容易錯。
邊懂邊做，不錯過。

而我用我人生的起落，證明了懂與做都重要，不論先後。而今回首，我已不再是青春少女，卻更希望能引領所有因緣而聚的少女青春，精彩其芳華。

鳥不是因為翅膀而飛翔，
而是因為想飛，所以有了翅膀。
翅膀的結構，決定了能飛的高度，
卻只有決心與堅持，才能帶你到達遠方。
燕雀只能在窩邊流竄，鴻鵠卻能穿越汪洋，
孔雀開屏羨煞旁觀，鳳凰齊飛豈不震撼。

布施是福報的根源，但布施不該想著回報，也不能有高低尊卑之思考。否則蓄其福，亦失其德。

布施是翻譯的文字，這樣的翻譯敘述可能造成誤解，於是我們用另外四個字「**分享幫助**」來替代，應該更好。

分享，就是你已擁有，與有緣者共享。

幫助，就是遇見者需要，盡己所能。

分享，就是一種喜悅，必然同頻於喜悅。

幫助，就是一種療癒，必然共振於自己的缺口。

孟子曰：「天將降大任於斯人也，必先苦其心志，勞其筋骨，餓其體膚，空乏其身，行拂亂其所為，所以動心忍性，曾益其所不能。」我始終相信我是天兵天將。

人生若有百年，我用前半百來歷練，再用後半百來奉獻。希望能分享我的能力與經驗，幫助有緣的女性一起如鳳凰飛上天，為蒼生帶來幸福的喜悅。

高峰俯瞰人世間

明心見性智綿延

琪開得勝同展翅

鳳凰齊飛千百年

✡潮汕人

文／彭丹青

潮來潮往曬鑽石
汕頭汕尾練黃金
揭陽鑿月囷珍寶
團結共享一家親

　　團結刻苦，低調務實，勇敢開拓，善於經營，誠信忠義，這是潮汕口碑遠傳千里的主因。我是潮汕人，我以此為榮。

　　潮汕人往海外拓展，有非常多的傳奇事蹟，除了耳熟能詳的李嘉誠、馬化騰，世界各地的首富，多的是潮汕人的蹤影。18世紀，緬甸欲入侵暹羅，被鄭信打敗，成為泰國國王，鄭信就是潮汕人。

　　潮汕人不驕傲，很踏實，點石成金。然而民風純樸保守，對於婦女而言，當然就很難有什麼出類拔萃的發展。大多有骨氣有志氣的潮汕男人，都會告訴自己的老婆：「你把家裡打點好，帶好孩子，我就心滿意足了。養家活口、在外打拚是我們男人的事。」

　　是的，我也是幸福到一個不要不要的潮汕女人。但坦白說，這樣的生活並不快樂，因為我總想做點什麼，別說為家人，至少為自己。

　　2019年己亥年，這是四年一轉的四馬地，我停不下那思維上的狂濤，遇見了我真正有興趣的志業。為何說是志業？因為事業家業有優秀的老公焚膏繼晷，完全不必我擔心。而我就想著用五術

「山醫命相卜」幫助別人也幫助自己。因為這是我從來沒有的成就感，當然也是難以掩蓋的熱愛。

從塔羅到生命靈數，又到紫微斗數，這些工夫雖然複雜，卻在我學習的日子裡，一點就通。如同老師所說的，讀前世書吧，我有著觸類旁通、舉一反三的天賦。

這樣的熱情足以廢寢忘食，認真的程度判若兩人。旁人看了感動，家人看了緊張。為什麼？只因為不習慣。於是我被兩個世界的人判別為兩種症狀，一個把我當神，一個把我當神經病。拜拜託，幫幫忙，我只是找到自己的正常人。

這個行業裡，確實很難找到正念的老師，要嘛裝神弄鬼，要嘛騙財騙色。說著自己種種的境界，把自己弄成了神棍，玷汙了所有的莊嚴與神聖。而我何其有幸，全世界最正氣凜然、樸實無華的老師被我遇到了。

老師感動了很多人，當然也包括我，我感動著自己，也希望能感動幫助越來越多的人。

助人者人恆助之，貴人者人恆貴之。誰都希望有貴人助，但誰能是誰的貴人呢？

幫助，是我覺得全世界最快樂的事。幫助，有兩個非常重要的元素，一個是「能力」，一個是「願意」。我正持續不斷訓練著自己的能力，當我們有緣，你失去了方向，需要引導與剖析，茫然失措別擔心，請找彭丹青，因為我願意。

彭城萬里不稀奇

丹心引路照汗青

✡我的三個男人

文／彭丹青

在紫微命盤裡，我的父母宮主星天同 · 天梁，所以得父母照顧很多。財帛有天府 · 天魁，財富一生貴人，不虞匱乏。這是要炫富嗎？不，是曬一下幸福，是感恩的回顧。

我的一生最重要的三個男人，第一個是我的父親彭瑞亮，給著我簡單的沒煩惱，不羨天堂鳥，不懼地獄燒。因為我擁有著識別度很高的父愛，隨時瑞氣千條在籠罩。

第二個是我的夫君彭武龍，武曲化權騰飛龍，打著江山振雄風。生活單純人稱羨，責扛雙肩非等賢。話不多，不苟言笑，卻是冷面笑匠，詼諧幽默勝華佗。用那柔軟的心，包容我的倔強，把那所有的壓力在黑暗裡掩藏。

第三個是我的兒子彭硯，磨著筆硯，玄武汁墨文化現。亮眼的凸顯勝過彭于晏，但我不希望繼續讓他在那麼小的年紀承受太多被讚美的體驗。少年得志大不幸，還得多多磨心性。

爸爸小時候家境很糟，所以只讀書到小學三年級，就開始為生活打拚。

在沒有土壤的土地種出了鑽石，
在沒有貝殼的海裡養出了珍珠。
在汕頭建構了類珍珠傳奇，
用那石油裂解重塑的原料，

滋養出比珍珠更珍珠的七彩繽紛，

在輔料市場裡雕琢了舉足輕重的地位。

夫君念化學，這真是化腐朽為神奇的無中生有。在家族事業震盪斷腸的兵荒馬亂中，依然氣定神閒。恰似從週期表一百多個化學元素裡已經看透了未來可以發展的軌跡。

兒子這麼小，我沒有任何期許，只想盡一個母親的職責，給予正確的三觀。不折磨他練才藝，只看他自己的興趣。但，我必然會引導孩子。告訴他，學歷可能不重要，但文化與學習的能力非常重要。

我不要我的孩子背誦著全然不理解的詩詞，但身為中國人，我們不能不明白萬經之首的易經所為我們闡述的大自然法則，以及為人處事的道理。

男人要像男人，女人要像女人。我很慶幸，我生命中最重要的兩個男人都是男人中的男人。而我會繼續向母親學習，成為男人背後偉大的女人。

孩子，我要你背誦的第一篇文，就是易經 64 卦的標準順序。媽媽必然會在未來的日子裡，引導你成為知天知地知自己的好男人。

什麼是好？陰陽平衡就是好。

而這陰陽平衡，

還得用你一輩子的精氣神深度練習。

乾坤屯蒙需訟師，
比小畜兮履泰否，
同人大有謙豫隨，
蠱臨觀兮噬嗑賁，
剝復無妄大畜頤，
大過坎離三十備。
咸恆遯兮及大壯，
晉與明夷家人睽，
蹇解損益夬姤萃，
升困井革鼎震繼，
艮漸歸妹豐旅巽，
兌渙節兮中孚至，
小過既濟兼未濟，
是為下經三十四。

這是前人理學大師朱熹所述，
後人的我們終生體悟。

✡天巫

文／彭丹青

紫微斗數最亮的那顆星就是紫微星，排盤一定要先找出紫微星，其他的主星就會順應生成。

然而我在看盤，第一個不是看紫微在哪裡，而是先找天巫星。因為我認為天巫星就是最能承天意、接地氣的一顆星。有沒有靈性看這裡，能不能學五術看這星，能不能從事命理相關工作，天巫星所扮演的角色，如同天機與天梁的合體。

看到這裡，你一定快昏倒了，完全不知道我在說什麼，對吧？這就是學習的重要。

事實上，為什麼生命之樹的所有夥伴都很重視天巫星？因為這是我們的真正志業。我們不單想服務有緣人，更希望能將此工夫傳揚給每一個有正觀正念的中國人，這才是中華文化的復興。

為何很多人會說算命是迷信？這有兩個原因。一個是不懂，一個是算命這兩個字用得不好。

算命，這兩字聽起來好像沒什文化，應該說「**能量趨勢盤點**」，如同排流年也能改成「**年度計畫探索**」。但事實上，怎麼說都不重要，而是你找誰算？找誰排？

不可諱言的，社會上運用五術招搖撞騙、騙財騙色的太多，所以才會造成很多人不良的觀感，學藝不精，胡扯瞎扯。利用人性貪婪與恐懼的雙向弱點，換取了自己下地獄的門票。

巫不是神，不是天地的代言人。

而是懂得解析天地訊息的智者，

將相關資訊提供給求問者，

予其參考，助其決策。

這不是什麼洩漏天機，

因為真正天地不想讓你知道的一切，

你所能看見的也都只是假象而已。

　我必須說，這麼多年來，我從來沒有這麼快樂過，因為我找到了自己的使命，找到了幫助人的方法。不再只是我願意，而是我已經有能力，為你剖析，為你解謎。

　你的迷茫，你的傷，我並沒幫你療癒，而是讓你知道愛自己愛別人的方法，同步教你自己療癒你自己。

　天巫，

　遵循著「易」，知其「不易」，

　尋其「變易」，慈悲「簡易」。

✡命運的軍師

文／彭丹青

　　天相坐命註定我位極人臣，不當皇帝。在廣州念了一年多的食品藥品學院，被爸媽徵召去輔佐哥哥開店，打造家業在汕頭之外的另一片天。突然發現我很有管理與客服營運的頭腦，應對進退得心應手，卻也在新據點步上正軌一年後嫁為人妻。

　　從小讀的都是貴族學校，到了大學總覺得思維邏輯都與同學兜不到一起，於是也很難提得起勁繼續在學校學習。沒為誰打過工，只想做自己的事業，但我發現我有服務熱忱，卻沒有經營上的狠勁，厭惡生意場上的勾心鬥角、你爭我奪。

　　學習了言武門紫微斗數後，我大徹大悟，原來我的事業宮慘不忍睹，天馬遇陀羅，原地打轉。

　　我很困惑。師父卻告訴我：「財好，事業不一定好。事業好，財也常不好。你要的是財好，那就別自尋煩惱。你的事業有天巫，命宮是天相，你可為霸王身旁的宰相與軍師，輔佐天下，不必自立為王。知命善用掌時機，就能釀造一傳奇。」

　　這段話讓我撥雲見日，找到了人生的方向。媽媽一直隱藏著我的八字，不願意告訴我，怕我被騙。誰知她自己被誤導了，當年的算命先生說的都是錯的。

今年最開心的事，就是我終於知道自己的生辰，掌握了自己命盤。不想被騙，那就自己學會。

原來對於五術山醫命相卜的敏感度，是我與生俱來的本能。從來沒有想過竟然可以用這門工夫幫助自己、幫助家人、幫助更多的人。

沒有真正用自己的命盤盤點過，人生盡是錯誤的方向，越努力越悲淒。所以我也在生命之樹教育體系裡，不斷演練自己應有的工夫。我沒有打算當國師，卻能幫夫君當軍師，更能幫難以計數的茫然者，當他們生命前行的導師。

當一個人順遂時，通常都是得瑟的，但好運勢不可能一生恆久陪伴你，你必須知道自己的能量趨勢，才能清楚明白在何處、在何時扮演什麼角色最適合自己。

我不是文天祥，

但我的凜然正氣、共振寰宇磅礡之氣息，

彭勃發展你的命運的精彩的樂曲，

丹心長存，松柏長青。

我就是你的命運軍師——彭丹青。

✡大自然

文／彭丹青

　　我不喜歡出國，去過最遠的就是泰國，因為那是潮汕人曾經當國王的暹羅。

　　連中國都還沒走透，何來閒暇四處揮霍。若問中國，我最想去的地方是哪裡，毫不猶豫告訴你，「雲南」。

　　為什麼？因為我愛大自然，大自然就是我的最愛。在家裡我總喜歡弄著花花草草，這是無可替代的靈性交流。在我身上隨時都會帶著精油，時而淡雅香氛花梨木，時而沉靜心底振檀香。

　　雲南的老樹普洱，釀幽藏古，細品濃郁，沖泡調息。你會說我怎麼都是奇怪的思緒，我卻必須告訴你，這才是回歸本源的自己，青春緩老的祕密。

　　汕頭是我成長的地方，珠海是我的第二故鄉，雲南洱海也常在我的夢裡徘徊，全都是咱們中國有山有海的地方。

　　遠離城市的喧囂，常保自然入心的逍遙。我不追求科技與品牌的浮華，喜愛原始自然的天真，孩子之所以在電子遊戲裡沉迷，那是咱們忘了讓他們認識大自然的美麗。

　　就像讀書，不要逼，不要直說黃金屋、顏如玉，那都是騙人的把戲。書，要看是什麼書，你有興趣的，躲在棉被裡打著光，你都會覺得愜意。這麼多年來，從來沒有什麼書能有這樣的魅力，一直到遇見了師父的書，每一本都讓我感動到快窒息。尤其是《決戰與決策》這一本，其中的言武門兵法不是教我們打仗，而是教

我們靈活生存，善待自己。觀史盤覓習整變轉逆，這九個字已烙印在我的靈魂裡。

陽光、空氣、水，
是生命滋生的最基本條件。
將種子埋在土裡，悉心對待，
你會發現各種不同的感動。
我也會自己種菜，
享受大地給予的愛，
咀嚼那來自土壤的芬芳，
感恩萬物給予的滋養。

天是陽，地是陰。我的三個男人是我的天，我的母親我的女兒是我的地，疲憊時的休憩，寒風中的溫度。

我是愜意的農夫，
自給自足，持續種樹，後人乘涼。
其實我也是樹，也是樹上的一片葉子，
哪一棵樹？生命之樹。
樹上的朋友，你們好。
我是彭丹青，靜置那熾熱火紅的丹心，
伴那樹上的綠葉已如蔭。

✡ 巫師

文／葉珈寧

　　巫，上橫為天，下橫為地，中間一豎即天地相連，有意義之工作必承天意接地氣。扮演連接天地處理人間之工者，謂之巫。

　　巫師為能者，心術正者方有其德，巫者助人之醫，醫其靈，醫其心，方能醫其身。

　　巫師，五術全備之師，務實天地之真理，解因緣之迷霧，無我助人。

　　巫師在古文明的世界裡，所謂的現代科學還沒自以為是貢高我慢之前，巫師之所以受族人敬重，不只是因為巫師媒介著可見與不可見的世界，不只是因為巫師知天意懂地理，更因為巫師可以解決族人發生的各種問題，包含身體的疑難雜症。

　　現代人無知，漫畫裡的巫婆、電影裡的神棍、亂搞的神職人員，假神明之名恣意妄為於貪婪無明之實，於是巫師被汙名化太久了，這是非常可惜的斷層。因為人們開始只眼見為憑，開始只相信物質，喊著能量，卻不知道能量究竟是什麼。

　　太多的人學語文，有三個狀態：

1. 膽小怯懦，害怕出錯，不敢表達。

2. 未歸本意，胡亂翻譯，誤人子弟。

3. 深明大義，重建邏輯，再展奇蹟。

第一種很普及，其實只要當成生活的一部分，不是為了考試成績，語文何等容易。

第二種更普及，因為翻譯的謬誤，造成了普遍的誤解，是文化的罪犯，甚至翻譯經典，必是禍害綿延。

第三種本身就是奇蹟，可遇不可求。

magic 你怎麼翻譯？

是的，就是「神奇」。

那為何那麼多人喜歡把這個字翻成魔術、魔法？跟魔有什麼關係？

magic 從頭到尾與魔沒有任何連接，為何要汙名化？

magnetic 是磁，與 magic 只差 net，net 是淨。純粹的神奇，就是磁，因為這就是大自然裡的自然。

魔術，若改稱為神術，是否更高超一些？細膩一點就叫神奇之術，是否少了負能量？

塔羅牌是占卜，是連接天地的訊息通道，是解除迷惘的恩典，同樣的被宗教組織給汙名化了。這不是神的旨意，更不是寰宇的本意。

當我們如今重新翻轉語言的本質，
那麼我們會發現，塔羅乃是一種純粹的神奇，
來自於天地的愛，集結眾星辰的能量，
給予生命的禮物，撫慰疲憊，療癒蒼茫。
珈寧塔羅，為其正名，廣傳大愛。

✡決策金三角

文／葉珈寧

殺雞不用牛刀，削蘋果別用西瓜刀。各種工具都有各種特色，切莫濫用，才能事半功倍，也才不會大才小用，反而違背了實際的效率法則。

應徵面試要八字，是否也太過本末倒置？出門買菜也占卜，那什麼不必卜？前人的智慧值得參考與學習，但絕對不是把自己弄得神經兮兮。

塔羅牌在我的世界裡已經有 20 年的光景，如此蓄積的純熟度堪稱爐火已純青。在迷茫時，在難以抉擇時，誠心誠意的占卜絕對是最佳選擇。而塔羅牌漫畫式的視覺圖像化，更是增加了難以阻擋的親和力，連孩子都難以抗拒。

生命靈數是認識一個人最快的方式，
一瞬間一目了然。
你想要知道一個人的特質，
這時候不是卜卦，
而是快速的依照對方的出生年月日，
即可迅速明白當下的狀態，
包含過去現在未來。

在占卜之前，若能先看一下生命靈數，那麼占卜時將能給予更貼切的建議。當珈寧塔羅遇上生命靈數，可以想像他們的引爆力。

但是當你問到何時可以衝刺、何時適合搬家、另一半該如何、孩子乖不乖，這時就要請出最厲害的盤點機器紫微斗數了。12個宮位，115顆星星，觀其排列組合的位置，亮不亮都有關係。流年流月流日之細膩，無一術數能及。

紫微斗數、生命靈數、塔羅牌都是決策工具，沒有所謂的哪個比較好、哪個比較準，而是在什麼狀態用哪個。

盤點自己用紫微，應對進退看靈數，茫然無措問塔羅，這三個黃金組合就是生命之樹的源頭，給你最精準的決策判斷。

生命靈數＋珈寧塔羅＝生命之數

是快狠準的決戰指標，不讓生命踏錯任何一步。

紫微斗數＋生命靈數＋珈寧塔羅＝決策金三角

是生命藍圖裡最完美的療癒軍師，陪你快樂幸福直到終老。

大道至簡，

越是複雜的脈絡，核心越是簡單。

我們不要成為你永遠的依賴，卻希望你的信賴，

深耕他人可以依靠的你。

我們的起心動念很簡單，

就是感恩與傳遞這一份承接於大自然的真愛。

✡後盾

文／葉珈寧

破釜沉舟是項羽的決心，背水一戰是韓信的謀略。誰都聽說「靠山山倒，靠人人倒，靠自己最好」。但什麼事不是靠自己？又有什麼是真的只需靠自己？

獨自前行時，即使披星戴月，我們並不孤單，至少天地與我們同在。就算橫屍於荒漠，葬身於野塚，我們並不淒涼，至少大自然給了撫慰。在時間的鴻溝裡，慢慢沖淡難以抹滅的創傷記憶，這是莫名其妙的樂觀，還是無可救藥的悲觀，都不重要，因為這都是事實。

對於幸運，每個人都有得天獨厚的妄想；對於不幸，每個人都有不該是我的奢求。但事實就是事實，一切都不一定如你所願，只在大自然因果的運行中默默安排。

當我拍攝珈寧塔羅專業教學視頻的過程中，其實我的肚子已經越來越大了，應該是在家安心待產的時刻，但我卻沒有。

不是我必須扛起家計奮戰於經濟，而是在我的目標設定裡，這是一定必須走完的程序。因為把珈寧塔羅藉由各種方式無遠弗屆的傳遞出去，是我責無旁貸的使命。坊間的相關書籍、教學影集、各種課程弄得妖言惑眾，讓所有真正需要幫助的人們，不但沒有解脫於困境，反而更變本加厲的繼續沉淪。

我不是菩薩，但我真的看不下去，群魔亂竄，神棍飛舞。

當大家口袋飽滿了，心卻空了；物質充裕了，能量卻亂了。到

處有高人，四方皆大師，然後呢？

　　病，如果自己會預防，那就不會遇見庸醫。命，如果自己會看盤，那就不會被亂算。卦，如果自己會卜，那就不會被亂引導。自然的原理，如果自己懂，那就不會再自亂陣腳於每一個當下。

　　身心靈產業的蓬勃發展是趨勢的必然，因為毫無方向的人太多了。於是利用人性的弱點，運用貪婪迷惘誘發的套路，連環詐的把一票接一票的可憐人圈住，用那泡沫性的謊言毀滅了浮沉於夢中的生命。

　　生命之樹是寰宇播種的智慧，生命之樹給你開花結果的技術，踏實人生的藝術。在你還不會這些工夫時，我幫你；當你想要學習，我教你。當你已經學會了，請你幫助其他需要幫助的人。

　　我曾經跟多數人一樣，總覺得自己孤軍奮戰，當實際在戰場上行幫助之時，才發現全世界都在幫我。

我不是一個人，

而是不斷壯大同頻共振的一群人。

當你需要，我們都是你的後盾。

Help ＝ 23 ＝ 5

幫助就是給你勇氣的 5。

Hope ＝ 26 ＝ 8

希望就是自己實踐的執行力。

You need the help,

We give you the hope.

✡風生水起

文／葉珈寧

風水是咱們中國對於空間所給的外號，簡單兩個字，道盡天下一切事。

因為天下就在天地的空間裡。
先天八卦是立體空間，沒有方位。
後天八卦是平面空間，引領八方。

所有的風水空間學，都必須澈底明白後天八卦，否則都是胡謅的論述。

風是巽卦，是 4，是規矩，是邏輯。
水是坎卦，是 1，是自己，是創造。

風水就是空間在那有規矩的邏輯裡，創造更有價值的自己。

風水不只在屋宅，更在山川大地，除了方向，更有其變化的軌跡。

風水也在人體，體內沒有了空間，無法咀嚼，無法消化，無法循環，更無法呼吸。於是風水在生存品質的角度上舉足輕重，獨挑大梁，僅次於命運。一命二運三風水四積陰德五讀書。

　　風水有六大元素，地形、地物、位向、格局、氣流、水流，若不談這些，談什麼風水？

　　陽宅有八方位，大門、神位、財位、文昌位、床位、浴廁位、桃花位、天醫卦位，擺對了方位，愛自然到位。

　　風水是大學問，但我們一樣願意兩天把你教會，選自己的房子，規劃自己的格局。否則風水瞬息萬變，影響巨大，豈能被無知給摧毀。

　　風水當然講磁場、講氣場，磁場與地形地物位向格局有關，氣場當然被氣流、水流左右，然而善用大自然的一切，就能改變你的主場。

　　在中國的五術「山醫命相卜」智慧裡，風水分類於相，屋外風水稱山相，陽宅風水稱家相。人必可貌相，空間當然亦可相。五術不是抽象的藝術，而是細膩典藏的技術。通曉之，小愛於家人，大愛於蒼生。不得不傳。

　　珠海，乃明珠之海。遠眺黑龍江，遙望長江，風水都無可媲美珠江。

　　生命之樹的根在珠海，但生命之樹的願放諸四海。

風生水起智慧開，
藏風聚水好運來。

✡開枝散葉

文／葉珈寧

萬丈高樓平地起，百年老樹釀根基。
一個人的力量再怎麼強大都是薄弱，
同樣的信念，共振的聚集，
奇蹟可以預期。

葉珈寧，這個名字完全符合我現在做的事與心境。

葉子是生命之樹的呼吸，也是光和作用成長的動力，更是身體的自我療癒。

珈是古代頭頂高貴的玉飾，如同清境修行的思維邏輯之醍醐灌頂，代表著深度沉澱的心。

寧是心靈萃煉後的洗滌，明白於因果的動靜，代表著自在隨喜的靈。

人如其名，葉珈寧是個夢想家，更是分享家，奉獻自己於愛的光，同步照亮有緣同在的身心靈。

葉珈寧，是從 9 的大愛找到本質自我 1 的寧靜，也在表達 2 的過程裡聆聽，卻更需要團隊集結 3 共襄盛舉。聽其音，呼喊著「葉加您」，在那娑婆世界的雨林裡一起搖曳，一起喘息。維繫靈性生態裡的自然循環，生生不息。

只要願起，天地寰宇已必然給力。2018 年我心想事成方程式，把我的心念寫在成就渴望的臨界點，宣告於世界，這時候我已有

了孩子。

2019 年我的孩子誕生了，生命之樹開始扎根，李靜老師、彭丹青老師、李淨潞老師與盧進老師陸續聚集，並且用那小提琴協奏曲之姿迅速的跳動了起來。珈寧塔羅的幫助之願力日日閃耀著。

同年的 8 月 30 日、9 月 1 日，許宏老師特地跨刀飛越海峽，引爆了珠海奇航。言武門生命靈數與珈寧塔羅成為了一個如同哈利波特的魔法棒，在所有人徬徨茫然時給予了清晰的軌跡。這樣的結合有如冥冥之中的定數，我們稱之「**生命之數**」。

這一刻，我明白「生命之樹」教育訓練系統已然真正開枝散葉，全速前進。

因為有你，
我不再只是孤掌難鳴的葉子。
而是樹枝，是樹幹，是樹根，
是整棵大樹不斷延伸的一座森林。

療癒這個地球，用愛灌溉全世界。

✡只有你有

文／葉瑨雯

　　竹東軟橋是我的故鄉，打赤腳、爬樹、撿樹枝當柴火、抓田螺、拾蝸牛，像個野人似的。爸媽都是客家人，當然我也是。

　　爸爸是貨真價實的好人好事代表，時間精力全花在親戚朋友。媽媽的任勞任怨、三從四德從來沒有狀況。就用九層塔蛋餅的生意把我們三姊弟養大了。媽媽的口出善言，勝過一切的舌燦蓮花，而其金錢價值觀，就是有賺就好。雖然只有國小畢業，卻懂得各種偏方，幫助著鄰里與家人。這樣的文化素養，超越了世俗學歷的框架。

　　外婆勤儉持家，外公是國寶級的斗笠專家，就是這樣純樸的傳統家族，鋪陳了我踏實的人生，而在每一個關卡，都如同我的故鄉「軟橋」一樣，靈活而便捷的讓我順利到達彼岸。每一個長輩給的愛都是特別的，都是獨一無二的，卻在客家傳統的巧手中編織成溫暖的家。

　　若要說愛，爺爺給的最有感。收費站的站長，我每天最期待的時刻就是爺爺下班。因為他都會偷偷的，不！應該說巧妙而神祕的塞給我一顆熱騰騰的饅頭，微笑補上一句：「趕快吃，在這吃就好，只有你有。」

　　饅頭，這麼平凡無奇的東西，對我卻充滿了無限的意義，因為那是爺爺最溫暖的疼惜。多年後的今天，再見饅頭，依舊如同爺爺在身邊，每一口都是那麼甜蜜。

　　然而，這世間的美好感受，我希望每個人都有，而不是只有我有。自己當了媽媽，才知道生孩子的過程如此艱辛，陣痛十多個小時，原來傳說中的如同生雞蛋兩分鐘都是誆我的，於是第二胎、第三胎都用剖腹產。

　　三個女兒都很有靈性，都是菩薩的賜予，都是福報因緣的聚集，我只有感恩的迎接，歡喜的對待。什麼樣的心境，就帶來什麼樣的結局。

愛，是一種傳承。

承先方能啟後，孝親方能引賢。

愛，是循規蹈矩的責任與感恩，

不必求愛，愛已來。

不必求福，福已在。

愛，是一種祝福，是一種分享。

我幸福，希望所有人也都能幸福。

我在愛的福澤大海，

同樣喜悅那濺起的浪花裡有你同在。

葉片昂首呼吸間

璀然蕩漾耀心田

雯風喜悅快樂手

愛已深耕每一天

✡ 永遠的恩師

文／葉瑃雯

當不認識的人第一次見到我，會問我做甚麼行業，我的回答通常是「命理師」。紋繡美容是我的專業，命理、看相、開運卻是我的使命。

2019 年 5 月 16 日是我最感傷的一天，引領我而深度傳承的恩師蕭湘居士離開人世。身為嫡傳弟子的我只能收起哀愁，繼續恩師的志業，告慰其在天之靈。

21 年的傳道授業解惑，這是多麼重大的恩情。然而除了其所有獨到的相學精髓外，最令我餘音繞梁的，仍然是恩師多年為人處世的風範。

恩師多才多藝，是政治作戰的軍官，是律師、是記者、是作家，見義勇為，是我心中永遠敬佩的英雄。不貪婪、熱誠奉獻、仙風道骨，永遠傳遞著正能量，永遠給予著希望。

不接受學生每一次的請客，不會高高在上。在路上看到老婦人，給予溫馨祝福的語言，我永遠記得那一句：「**老太婆，要活 120 歲喔！**」

上課的教室，同學脫下了鞋子在門口總是凌亂不堪；但是下課時，所有的同學卻都可以看見排得整整齊齊的鞋子，順利穿上。我問恩師：「是誰排的？」恩師說：「我都利用上課當中的空檔，

花個幾分鐘排的。」我一方面納悶，一方面震撼。

震撼的是，老師竟然如此平易近人的沒有身段。

納悶的是，上課都這麼緊湊，上下課間，老師何來的空檔？

這個疑惑，我沒有再問，卻更加感佩老師的境界。

改變想法，就會改變你的能量。

改變了你自己的思維與行為，

就能改變你的命運。

命改不了，那是必然的因果，

但運就是看你自己在行進時的每一個選擇。

我把老師傳承的相術，充分運用在美容紋繡，幫助了難以計數的有緣人。因為我不是只想讓你看起來美，更要讓你活著的每一天運勢都美。

這不能是胡扯瞎扯的行銷話術，而是真正技術與藝術都到位的真工夫。

我幫你 Lucky，你說 Ya。

我是快樂的幸運傳遞者，

Lucky Ya 葉琇雯。

✡不可思議的力量

文／葉瑃雯

我始終相信「答案就在問題裡」，
就像「解藥都在身體中」一樣。
地球困擾只有地球自己能解決，
只需善用太陽月亮來幫忙，
以及眾星辰的祝福。

很多事情，沒有智慧無法理解，沒有福報無法遇見。不懂的，不是不可能，只是科學的進步尚未到位。

醫生無能解決的，難道我們就放棄了？只是法律一面倒的規範，讓各種有助於人類的方法都被限制了。當然我們不要自己找自己的麻煩，涉及醫事法、違反藥事法。不談療效，只談幫助，會心一笑。

我們必然會發現一個現象，也可以合理的假設。莫名其妙得來的病，必然一定也能莫名其妙的好了。就像不知來源的金錢有了，也會不知去向的沒了。

那麼我們何不試試那一些很多見證、又不是詐騙集團的方式呢？

此刻的我，正在德國與全世界的紋繡高手開會上課。課餘之暇，我在放生寺教學分享「快樂手」，改善了很多法師與阿公、阿嬤多年的困擾。

　　我沒侵入治療，也沒開處方，更沒用穴道經絡，你所想得到的帽子都沒有辦法扣住我。我只是教大家用自己的雙手因應不同狀況放在不同的對應位置，就能產生各種不一樣的能量磁場變化。如人飲水冷暖自知，就這麼簡單，改變了多年的身體問題。

　　我想我們要有智慧的不踩到紅線，這樣的方法，有人稱仁神術，有人稱快樂手。我稱「**寰宇的祝福**」，透過雙手的「儀式感」，讓痛苦的人回歸舒適。

　　當然，
　　大自然的奧妙不是只在人類的自我毀滅，
　　還有生命的自我覺醒。
　　在大道至簡的原則中，
　　用快樂的念頭，用快樂的雙手，
　　帶來快樂的身心靈。

　　你可以簡單的上網搜尋「快樂手」、「仁神術」，甚至你也可以買到相關的書籍。給生命一個機會，快樂的幫助自己，幫助所有的有緣人。接受寰宇的祝福，再反饋於世界，那麼全天下都會因你而幸福。

✡仙人掌

文／葉琷雯

一位補教名師去便利商店買米，店員問他：「情人節到了，要不要買一束玫瑰花送老婆？」名師回答：「買花代表我希望她永遠如花，我才會疼惜她，她會先開心後傷心。買米代表我有能力，一輩子養她，她會踏實的擁有平常心，知道我一輩子愛她。」

好有智慧的回答。

而我的夫君在當年認識我時，為了釋出善意，也沒表明追求，很特別的，沒送我花，也不送我米，就送我一盆仙人掌。當然，他也沒說清楚為何送。只是我在想應該是在告訴我：

荒漠裡，

你遇見我，就是希望，

因為我為了不讓水分流失，

於是將美麗的葉子都縮成了針狀，

還能為你保留維繫生命的甘露。

一塊水晶肥皂從頭洗到到腳，呈現著簡單。早晚接送堅持好多年，代表著恆常。沒有花言巧語，沒有矯情造作，不說愛不談情，卻顯真心。我們就這樣結婚了。

水瓶座的他，有其獨到的見解，穿透式的識人術，共鳴著處女

224

座的執著。然而他是我見過最特別的水瓶，別人的水都是裝在瓶子裡，倒在杯子裡，而他卻藏在仙人掌裡，用那刺蝟般的外衣，呵護著僅有的蓄積。

在那奉上仙人掌的瞬間，故作鎮定略帶靦腆的雙眼，傳達著只有天地同步知悉的語句，就是「這不只是仙人掌，更是我自己，倘若你不嫌棄，我想用我的生命保護你。」看似突兀的衝擊，卻已勝過千言萬語。

愛，是彼此互信的珍惜，不是質詢擂臺的競技。在乎，不必框架。珍惜，不必限制。浪漫，不必老套。真心，無法抄襲。

愛，是奉獻，是付出，是深度真誠的釋放，不是表象的喜歡。

愛，不是錢，不是黃金，不是鑽石，不是名車豪宅，更不是玫瑰花。

愛，不是愛情，

應該說愛不只在愛情，

更不是私慾放縱恐懼貪婪的包裝。

對我而言，

愛情是什麼？

愛情就是涵蓋親情、友情的仙人掌。

✡錢有眼睛

文／葉瑝雯

當世人都在汲汲營營的祈求著「錢進我家」、「財富自由」時，我卻對著宇宙說：「請錢兄弟把錢送去給需要的人吧！我家已經夠用了，別再送來了！」

和宇宙溝通，對宇宙感激，就像用磁場與念力以及言語療癒受傷的心靈，早是我多年前的本能，沒有特別開啟，卻已然擁有。

從小我的思維就與別人不一樣，別人喜歡的，我並不渴望，在旁人看來，靜得像極了自閉症。國小國中的畢業旅行我都沒去，不是沒錢，而是我真的不想去。

媽媽給了一千元，給我一個任務，微笑的叫我去西門町把錢開心的花光，媽媽說：「錢花光了，自然就會再回來。」

我沒有在傳授那些錢的遊戲騙局，沒有套路，沒有模式，沒有所謂任何不可思議的奇蹟，因為這世界從來不會莫名其妙獨厚於誰，一切都是因果裡的自然。

我不是資優生，也不是績優股，我只是不貪婪的踏實過著我的人生。成長時有疼愛我的長輩，長大後有一個從一而終的丈夫，再生了三個貼心的女兒。做著我一路以來的美容專業，結合著相學給予有緣人幫助，不奢求任何功德，只累計著與日俱增的智慧。我必須這麼說：「這輩子，我只有珍惜，只有安分守己，沒有任何不快樂的思維。」

於是，我的幸運也是那麼的自然，因為幸運的緣起來自於頻率，

沒有幸運的思維邏輯，何來幸運共振的發生。

我專有的美妝品牌就叫「Lucky Ya」。

因為我幸運，我姓葉。我的商品從來不模仿，從來不抄襲，都是順應天意慢慢研發誕生的結晶。不怕別人複製，即使你擁有了完整的配方，依舊無法呈現她的特色與效果。因為頻率與磁場，沒誰能模仿，沒誰能複製。

我從來不喊著低調，卻急於展現。更不喊著公益，卻忙碌於私欲，我只做我想做該做的事。我不特別廣告，只吸引有緣的人，上網 google「葉瑃雯」、「Lucky Ya」，你會看到一堆我的相關消息。在 YouTube 有著各種分享，希望能在你的生命中給予著恰到好處的幫助。

1987 年廣欽老和尚圓寂，我自己跑到土城承天禪寺皈依，如今已經 32 年了。恰巧同年許宏老師也在這裡皈依佛門，都是傳悔法師授三皈依。2018 年我來學習調香課才彼此認識，而今更方才知曉師出同門，果真奇妙。

傳悔法師說：「多做有益別人的事，少做有益自己的事，吃虧就是占便宜。」

淨空法師說：「人在世間占不到絲毫便宜，也吃不到虧。」

兩位大師的開示異曲同工，終生受用。錢很重要，但必須取之有道。錢有眼睛，看得到你是否上道。在正確的路上，該是你的錢，自己會到來。

✡音樂療癒

文／潘信智

若說建築是我靈魂的依歸，酒就是我心神的解藥，音樂則是我的生活日常。

我們家不是音樂家族，整個家族卻都是樂手，隨興聚會都可以是一個樂團的快閃，若說這不是幸福，那就著實太過矯情。而我在鋼琴、大提琴、吉他隨侍於旁的空間裡，信手拈來就會是旋律的悠揚。

然而音樂對我而言的啟迪，就是那同頻共振的共鳴，除了聲響，還有情緒與思緒。

人體的共鳴腔可以粗略分成腹腔、胸腔、喉、鼻、前額、頭頂，善用之，就是美麗的音響。能發聲能聽見，已是幸福，若能靈活而隨喜的運作共鳴腔，那麼引發同頻共振的驚喜，必然超乎你的想像。共鳴不只為了吸引夥伴，不只為了結識同好，更是為了療癒那五臟六腑的角徵宮商羽。

高中時期擔綱了吉他社副社長與熱音社社長，大學時期與吳孟珊共同帶領 8 個樂團四處巡迴演唱，包含馬祖、墾丁的大型音樂祭，也曾經淡定欣喜的協辦蔡依林花蝴蝶校園演唱會。意思就是我可以當主角，也能當配角，更能當檢場，甚至只是道具，只要能為音樂這件神聖的使命奉獻，我什麼都願意。

色彩，是可以看見的旋律；
音樂，則是可以聽到的光譜。

在那音符的跳動中都是畫面，在那色彩平衡而安然的空間，四處都是和弦。

琴瑟和鳴是愛的交織，大樂團的交響則是團隊精神整合的結局。演奏要靠潛意識，和諧的呈現更必須忘我的融入。

臺下的掌聲是臺上的鼓舞，
臺上的激情也是臺下的振盪。
臺上臺下如同陰陽，沒有誰比較重要，
彼此都必須感恩彼此。
偶像只是一種幻境般的抽象，
觀眾的瘋狂吶喊，
才是樂曲最佳音效的高潮跌宕。

上下共療癒，內外皆是愛。

✡演藝生涯

文／潘信智

我想我是個病人，有著生病的靈魂，於是我所專注的人事物，似乎都是在找尋療癒的方法。我的病是什麼病，是一種不懂愛的病，身於愛中，卻感覺不到愛，追尋著愛的對象與行為，卻更覺察了愛的空洞。

建築、音樂、酒都是我療癒的工具，三折肱已成良醫，但偏偏醫得了別人，醫不了自己。我繼續尋覓著療癒的科技，迷失在愛情的遊戲，扛著還算亮眼的皮囊，闖進了演藝圈。這時候才發現我病得更重了，翻騰了幾項廣告作品後，我逃離了這誤會一場的圈子。

自詡為藝術家的我，想著不願成為死後的梵谷，不願成為聾了的貝多芬，於是我想試試在螢光幕前當藝人。經紀約有如賣身契，有如綁架案，沒有槍炮彈藥威脅，沒有霸凌屈辱，但我已完全的沒了自己。

因為視覺的完美呈現即使是錯覺，那也必須如此，嚴格的要求比陸戰隊的天堂路還艱辛殘酷。但最重要的摘星的代價，必須忍受不知多久的微薄收入，拮据到連流浪狗都會想替我哭。還好夜裡我在酒吧擔任調酒師，方才熬過這測試自己的過程。

突然發現「紅」不是我的顏色，因為我並不想紅，更重要的是

我根本沒有可以紅的決心。我還是回到自己的本業，一磚一瓦勾勒我自己成就的城堡藍圖。

講到這裡，你一定會覺得我的人生精彩無比，歷練了各種風花雪月。不！如此虛晃一招的燦爛輝煌，也只是打地基前的整地，是身歷其境的盤點自己，否則我怎麼能知道我該蓋幾層樓，我怎麼能知道我該打多深的地基。

其實這一路走來的過程，成就感比挫折感多。但成就感反而讓我更空虛，讓我更迷失自己。

挫折雖然敲擊到了我的痛點與憤怒點，
卻是真正帶給我成長的關鍵。

我沒有後悔曾經選擇的任何一條路，反而感激每一段的發生，感謝每一個遇見，鍛鍊了如今的自己。

演藝的路上，我只想演真實的自己。就因為想演醫生，所以先體驗什麼是病人，才有精準的處方建議。

✡靈魂調酒師

文／潘信智

藥，被濫用就是毒品；酒，被濫用就是毒藥。酒，這麼神聖的物質卻，在智慧混沌的人類世界裡，被活生生的玷汙了。

酒，是豐收的代表。酒，是食物精粹的精神。酒，在所有的古文明都是敬拜神恩的供品，甚至神話故事裡，都有主管酒的神祇。

酒，同音九，同義久，
在陳舊沉寂的孤獨中，
醞釀那激盪血液魂魄的濃厚。
九是奉獻，是大愛。
久是永恆的自然，
更是天地恩賜的放鬆良藥。
而今卻是各種災難的罪魁禍首。

酒可以淡然恐懼，酒可以忽略緊張。
就像錢一樣，能帶給人們安全感，
卻又讓人們激化了貪婪，
誘導了愚蠢，迷惑了善良。

酒與錢，都是福，美酒月前李白詞。卻也都是愁，一杯還醑將進酒。文采洋溢曹植墜，七步成詩亦成痴。酒助了興，也亂了性。

淺酌皆靈氣，狂飲非人行。張飛若非酒，歷史已重述。

　　從學生時代，我就在新竹廣泰洋酒直營的日式酒吧，學習正規日式調酒。在周聖淵老闆刻意的訓練中，我每天都得講一瓶酒的歷史故事、原物料特性、產地釀法，包含各種鮮為人知的各國酒類正史與稗官野述。印地安與龍舌蘭，海盜與萊姆，一戰救命的琴酒，這一切細膩玩味的典藏故事，遠遠勝過如同雜技表演的花式。

　　而我就是最正宗理解根源與踏實技巧的調酒師，沒有花俏的手法，卻能一杯入喉直達心靈深處。

對我而言，

調酒的思維與精油調香的邏輯很像，

只是一個入口，一個入鼻；

一個是嗅覺開頭，一個是味覺開喉。

卻都在心上撫慰，在靈魂上療癒，

異曲同工，美不勝收。

✡愛的建築 療癒的設計

文／潘信智

4 歲開始玩蘋果電腦，用 MAC 畫圖，學聲樂、練鋼琴、彈吉他，這是令人羨慕的王子般的日常。外公是東元電機的創始元老，大舅是當年蘋果電腦的臺灣代理商，小舅在法國第五建築學院畢業，啟蒙我的繪畫，而我就是在這樣科技化的藝術殿堂中長大。

爸媽呢？很少有時間陪我說話，很少在家。我被充裕的物質供應給包圍，永遠走在時代的尖端，別人的驚訝與浮誇，對我都是唾手可得的玩具，但我清楚，這是用彌補心態換來的神話。在那年少輕狂的日子，我無法體會那是大人的兩難，有錢養你，就沒時間陪你；多陪著你，就養不活你。所以我對「愛」這個字很迷惑，甚至很陌生。

當然，大多數的人都會覺得我得了便宜還賣乖，人在福中不知福，事實上，這是你們不理解我的明白。我要的只是簡單的倫常、扎實的溫度，在那爸爸渾厚的手掌，在那媽媽溫柔的臂膀，給我一句輕輕讚美的話。

從事建築設計，我當然有著與眾不同的思維，也有敬佩的大師級人物。

出生於伊拉克的札哈‧哈蒂（Zaha Hadid 1950-2016）數學式思維精密計算的多元曲線，完成了剛柔並濟的量體外觀。

限研吾（Kango Kuma）的負建築卻充滿著寰宇間最隨和的正能量，不刺眼，不突兀，不違和，超越了所謂時尚潮流的華而不

實，將傳統與尖端平衡了陰陽。

模仿複製可以在技巧，也能在精神。
而我變化與創造更添加了有愛的靈魂，
給予著濃纖合度的溫度，
師承著伏羲大帝的天地水火雷風山澤，
在那風生水起時，
幸運竄流朱雀玄武門。

空間是有維度的，沒人入住就沒了溫度。
居家是休息的，在那疲憊落寞時，最能療癒的角落。

人字兩撇，一陰一陽。
門面兩頭，一內一外。
建築設計，不是只在隔間裝潢，
而是在那進出之間，都能感受愛的安然。

潘安再世手中畫
信手撚來盡無瑕
智慧沉靜量身造
愛與療癒都是家

✡ 傳說

文／潘信智

　　亞特蘭提斯，是神話還是傳說？是沉沒的帝國還是幻想的故事？是人類的歷史還是無聊的考古？有時我在想，真相真的很重要嗎？歷史上的文字記載都是真的嗎？其實這就像那已經殺青的上輩子，莫名其妙的翻攪回溯，真的有意義嗎？

　　常常聽到各種抽象的假設，並不合理的充斥在人群間的探討，海底的高科技生物、地心的高靈人類，這一切的可能遠比外星人渺茫。但即使必然存在的外太空生物，地球人類證實了，又如何？

　　這讓我想起曹操的一段話。世人過去看錯了我曹操，現在一樣看錯我，未來可能還是看錯，但我就是我，曹操就是曹操。

　　有人歌頌著王八蛋，也有人汙衊著偉人，一直到死了才被平反。這是為什麼？因為大多數的人們不是善良，而是愚蠢。而笨蛋與位階無關，越是上位者越可能成為笨蛋，而無奈的大部分人只能當個可憐蟲，否則何來岳飛、文天祥？

　　在每一個階段，我抽絲剝繭的思考著，就是不希望自己變成王八蛋，也不想成為笨蛋，更不願也成可憐蟲。

　　很多的歷史，在歷史的本身是很有意義的，但在實際的現況中不一定有任何價值。我們活著的是此刻，不是過去，更不是未來。因此我將我所學的所有元素，融入在我的建築作品，從室內設計到室外，從軀體的舒暢規劃到靈性的安然。

　　我不是赫赫有名的設計大師，也不是揮霍視覺的行銷商人，但

我必然是難能可貴的生活設計專家。

　風水不是迷信，科技不是萬靈丹，我們怎麼能將建築空間的考量只專注在那商業利益？

　人活在時間與空間裡，時間只是空間的一部分。那麼設計師如果只考慮空間效益，必然只忽悠了一時的感官，鋪陳了入住後的茫然。

　美式的設計，是現代的主流。那就像把千瘡百孔的結構包紮傷患式的捆綁，帶來的結果就是臟腑的沾黏。這是好事嗎？

　歐式著重於陳列，連浴缸都可以突兀的放置，卻也少了整修上的迷惘。

　而我喜歡將這所有的主流與非主流加上東方的典雅、中式的文化，更滲入我多年收集的元素，甚至真假難分的傳說，例如亞特蘭提斯。

　沒有一朵雪花是相同的，沒有一片葉子是一樣的，那麼人住的房子，怎麼可以如罐頭一般？

　我沒有什麼夢想，只是我奮戰著希望，讓每一個生命住進真正有愛的家，而這個家帶來的都是快樂、踏實、真誠的擴散著愛的頻率。

　心生病了，情受創了，不必急著送醫院，不必胡亂找醫生，只需要回到這個你我共同設計的「家」。

　我，不想紅，但我希望有越來越多的家，享受著我潘信智的傳說。

愛與療癒 身心靈導師指南

編　　　著／許宏
作　　　者／許宏・李淨潞・李靜・周貞言・林子玹・林妍希・林珈妤・洪家宜・
　　　　　　高明琪・彭丹青・葉珈寧・葉埕雯・潘信智
特約總編輯／許宏
美 術 編 輯／孤獨船長工作室
責 任 編 輯／許典春
企畫選書人／賈俊國

總 編 輯／賈俊國
副 總 編 輯／蘇士尹
編　　　輯／高懿萩
行 銷 企 畫／張莉滎・廖可筠・蕭羽猜

發 行 人／何飛鵬
法 律 顧 問／元禾法律事務所王子文律師
出　　　版／布克文化出版事業部
　　　　　　臺北市中山區民生東路二段 141 號 8 樓
　　　　　　電話：（02）2500-7008 傳真：（02）2502-7676
　　　　　　Email：sbooker.service@cite.com.tw
發　　　行／英屬蓋曼群島商家庭傳媒股份有限公司城邦分公司
　　　　　　臺北市中山區民生東路二段 141 號 2 樓
　　　　　　書蟲客服服務專線：（02）2500-7718；2500-7719
　　　　　　24 小時傳真專線：（02）2500-1990；2500-1991
　　　　　　劃撥帳號：19863813；戶名：書蟲股份有限公司
　　　　　　讀者服務信箱：service@readingclub.com.tw
香港發行所／城邦（香港）出版集團有限公司
　　　　　　香港灣仔駱克道 193 號東超商業中心 1 樓
　　　　　　電話：＋ 852-2508-6231 傳真：＋ 852-2578-9337
　　　　　　Email：hkcite@biznetvigator.com
馬新發行所／城邦（馬新）出版集團 Cité（M）Sdn. Bhd.
　　　　　　41, Jalan Radin Anum, Bandar Baru Sri Petaling,
　　　　　　57000 Kuala Lumpur, Malaysia
　　　　　　電話：＋ 603-9057-8822 傳真：＋ 603-9057-6622
　　　　　　Email：cite@cite.com.my
印　　　刷／卡樂彩色製版印刷有限公司
初　　　版／2020 年 1 月
售　　　價／360 元
Ｉ Ｓ Ｂ Ｎ／978-986-5405-42-7

城邦讀書花園　布克文化
www.cite.com.tw　WWW.SBOOKER.COM.TW

言 武 門

言如兵法足以勝萬軍　文似醫藥足以救生命
慎言如妙文　智慧已開門

教育訓練系統

五術　五數
山醫命相卜　數象符言文

全球啟動

言武門教育系統
言武門出版系統

言如兵法足以勝萬軍 文似醫藥足以救生命 慎言如妙文 智慧已開門

言武門系列課程招生中

言武門相關課程
1. 言武門《師道》講師特訓
2. 言武門《文字道》文字特訓
3. 言武門《話道》說話特訓
4. 言武門生命靈數
5. 言武門紫微斗數
6. 言武門姓名學
7. 言武門風水學
8. 言武門一掌覺
9. 言武門調香師
10. 言武門芳香SPA師
11. 言武門思維邏輯
12. 言武門易數塔羅
13. 言武易

如何讓你的理念　從乏人問津變成眾所週知
如何讓你的才華　從孤芳自賞變成萬人讚嘆
如何讓你的名字　從不見經傳變成家喻戶曉

而這樣的過程又是很有格調
這樣的結果又是餘韻繞樑
不是花錢廣告　而是《出書立作》

【一家之言　的建構】
很多大人物在人生的歷練中翻滾，終於功成名就，
但卻無法將精彩記錄文字化，留給後人學習。

想要寫一本書，又不知從何開始，
想要找人代筆，卻又無法到位。
這樣的困窘，我們完全瞭解。

言武門給您靈魂置入的專業寫手，完全呼應您的需求。
從採訪，溝通，撰寫，排版，印刷，上架，完整服務。
一圓夢想，不留缺憾。